기름부으심

기름부으심

박춘광

ANOINTING

규장

희망을 전하는 교회 개척의 교과서

바울이 사도행전에서 세 번이나 자신의 회심 이야기를 들려주었듯이 성경은 하나님의 이야기이면서 하나님 백성들의 이야기이기도 합니다. 이 책은 지구촌교회가 전략적으로 개척한 신동탄지구촌교회의 개척 이야기이면서 박춘광 목사님의 자전적 간증 이야기입니다.

박춘광 목사님은 진실하고 투명한 하나님의 사람이기에 그의 이야기는 진실한 감동을 줍니다. 그것을 우리는 성령의 기름부으심이라고 할 수도 있을 것입니다.

성령의 기름부으심은 오늘날 많은 영적인 단어로 포장하여 사용됩니다. 그러나 이 책에서 박춘광 목사님은 정직한 자기 대면으로 이 단어를 사용합니다. 그러므로 이 책을 통해 독자들은 잔잔한 기름부으심을 경험할 것입니다.

교회 개척은 하나님의 준비된 사람들의 이야기입니다. 또한 기름부음을 받은 사람들의 헌신 이야기입니다. 개척이 쉽지 않다고 말하는 시대에 이 책은 한국 교회에 전하는 신앙과 교회 개척의 교과서가 될 것이며 우리는 이 책으로 희망을 만날 것입니다.

함께 기름부으심을 사모하며, 이 책을 통하여 박춘광 목사님의 더 많은 후학이 일어나게 될 것을 기대합니다.

이동원 목사 | 지구촌교회 창립 원로

실제적인 능력의 은혜를 전하는 감동 스토리

하나님의 기름부으심은 특별한 사람에게만 주어지는 것이 아니라 그것을 사모하는 모든 믿는 자에게 주어지는 성령의 역사입니다. 단순한 과거의 사건이 아니라 오늘날 성도에게도 임하는 하나님의 능력입니다.

은혜를 사모하는 저자는 신동탄지구촌교회의 개척 이야기를 통해 그가 체험한 하나님의 기름부으심을 고백합니다. 하나님의 능력과 권위를 부여받은 그는 하나님의 임재와 역사, 사명을 감당하는 실제적인 능력의 은혜를 설파하고 있습니다. 우리의 역량이 아니라 하나님의 능력이라고, 기름부으심을 갈급해하는 우리도 그분의 능력과 인도하심을 경험할 수 있다고 말입니다!

진재혁 목사 | 케냐 선교사

하나님의 손길을 증언하는 기적 같은 이야기

'기름부으심'이라는 단어와 박춘광 목사님의 삶이 참 잘 어울립니다. 저는 그가 스무 살 때부터 알아왔습니다. 온통 성령에 이끌리는 삶을 살았던 그는 사울의 길을 걷거나 기웃거린 적이 없고, 언제나 다윗의 삶을 선택하고 걸어온 사람입니다.

하나님께서 다윗에게 기름을 부어 이스라엘의 왕으로 삼고 사용하신 것처럼, 저자의 삶에는 하나님의 손길이 임하였음을 모두가 알게 하는 기적 같은 일들이 따라왔습니다. 그가 하나님께 부르심을 받은 것이 그러했고, 지구촌교회에서의 사역이 그러했으며, 신동탄지구촌교회의 개척과 부흥, 건축에 이르기까지 그 모든 여정에는 성령의 기름부으심이 있었습니다.

그의 이야기가 아닌 하나님의 이야기를 담은 이 책은 기름부으심에 대한 사전적 설명이나 기름부음을 받았던 성경 인물의 소개가 아닌, 사역의 현장에서 저자가 직접 경험한 놀라운 간증이 담긴 책입니다. 그 내용은 성경에서 허락하는 기름부으심의 범주를 넘어서지 않는 건강한 기름부으심의 이야기입니다.

이 책이 담고 있는 성령의 역동적인 역사가 앞으로 그의 삶과 교회 위에 계속 이어지기를 바라며, 성령의 역사를 기대하는 모든 사람에게 이 책을 소개합니다. 성령은 한 분이시기에, 이 책을 읽는 독자에게도 동일한 성령의 역사가 일어날 것입니다.

최병락 목사 | 강남중앙침례교회 담임, 월드사역연구소 소장, 《큰 산 깨기》 저자

빨리 가기보다 바른길을 선택한 승리의 여정

박춘광 목사님과 저는 30년 지기 친구입니다. 이 책을 읽는 내내 함께 사역했던 시간이 선명하게 되살아났습니다. 우리는 일등이 되기보다 하나님의 기대에 순종하려 했으며 빨리 가는 것보다 바른길을 선택하려 했습니다.

물론 신앙의 여정을 걸으며 낙심과 불안에 주저앉을 때도 있었지만, 그때마다 친구이자 동역자인 박춘광 목사의 격려가 저를 일으켜 주었습니다.

이 책은 사역자뿐만 아니라 모든 그리스도인에게 필요한 책입니다. 이 책을 읽는 사람마다 기름부으심의 인생을 사모하게 될 것입니다. 더 나아가 혼란과 염려를 넘어서는 은혜와 승리를 맛보게 될 것입니다. 마음 모아 모든 이에게 이 책을 추천합니다.

박길호 목사 | 송탄중앙침례교회 담임

은혜의 또 다른 이름, 기름부으심

포지션인가, 기름부으심인가

성경은 두 종류의 인생을 소개한다. 포지션에 집착하는 인생, 그리고 하나님의 기름부으심에 집중하는 인생이다. 사울은 포지션에 집착했으나 다윗은 기름부으심에 집중했다.

> 여호와께서 사울을 떠나 다윗과 함께 계시므로 사울이 그를 두려워한지라 그러므로 사울이 그를 자기 곁에서 떠나게 하고 그를 천부장으로 삼으매 그가 백성 앞에 출입하며 다윗이 그의 모든 일을 지혜롭게 행하니라 여호와께서 그와 함께 계시니라 **삼상 18:12-14**

성경이 말하는 것은 지금 왕은 사울이지만, 여호와의 기름부

으심은 다윗에게 있다는 것이다. 왕이라는 명색은 사울에게 있었지만, 하나님의 함께하심은 다윗에게 있었다.

당시 사울은 이스라엘의 왕으로 병권과 정치적 권한을 다 가지고 있었다. 세상 사람들이 보기에는 사울이 크고 위대해 보였다. 그러나 하나님의 시선은 다윗에게 있었다. 세상의 눈에는 사울이 커보였지만, 하나님의 시선에는 다윗이 더 귀하게 보였다.

당신은 포지션에 집착하는 인생인가, 아니면 기름부으심에 집중하는 인생인가? 포지션도 중요하지만 더 중요한 것은 기름부으심이다. 우리는 사람을 볼 때 그 사람의 위치와 자리를 본다. 하지만 하나님의 사람은 보는 눈이 달라야 한다.

'그에게 성령의 기름부으심이 있는가'
'그에게 하나님의 함께하심이 있는가'
'그에게 하나님의 은혜가 머물고 있는가'

사역하는 내내 중요하다고 여긴 부분이다. 어떤 위치에서 무슨 일을 하는가는 참 중요하다. 하지만 더 중요하고 정말 초점을 맞추어야 할 부분은 '내가 하는 그 일 위에 성령의 기름 부으심이 있는가?', '내가 하는 그 사역 위에 주님의 은혜가 있 는가?'이다.

성령의 기름부으심과 은혜

나는 1997년부터 지구촌교회에서 친구가 전도사로 있는 부서 의 주일학교 교사로 사역을 처음 시작했다. 만 20년 동안 지구 촌교회에서 섬긴 후 개척으로 부르심을 받아서 2017년에 동탄 2신도시에 교회를 개척했다.

감사하게도 개척 8년 만에 거의 2천 명이 되는 교회 공동체 를 이루었고, 특히 코로나 3년을 생각하면 더욱 놀라운 하나 님의 일하심이라 생각된다. 개척 8년째인 2024년에는 교회를 건축하고 입당했다. 코로나 시기 가운데 건축한 교회여서 더욱 의미가 깊었다.

어떻게 가능했냐고 사람들이 물어올 때가 종종 있다. 그럴 때면 항상 하나님의 은혜라고 대답한다. 진짜 하나님의 은혜이기 때문이다. 다시 태어나 하나님 앞에 구할 수 있다면 나는 은혜를 구할 것이다. 은혜의 또 다른 이름이 기름부으심이라고 생각한다. 성령의 기름부으심. 그것이 진짜 은혜다.

'기름부으심'은 여러 가지의 의미로 생각할 수 있는데, 내가 생각하는 기름부으심은 첫째, '구별됨'이다. 기름부음이란 원래 사람이나 성소의 기물에 기름을 부어 그 대상을 거룩하게 구별(성별)하는 행위를 말한다. 그러므로 기름부으심은 구별됨과 연결되어 있다. 하나님은 한 사람에게 기름을 붓기 위해 먼저 그를 거룩하게 구별하신다.

둘째, 기름부으심은 직무와 직임에 있다. 하나님은 아무에게나 기름부음을 주시지 않는다. 구약성경을 보면 왕, 제사장,

선지자를 세울 때 기름을 부으셨다. 그와 같이 하나님은 그분의 나라를 위한 목적을 두고 하나님의 사람에게 기름을 부으신다.

셋째, 기름부으심은 거룩한 능력이다. 이것은 주님으로부터 부어지는 능력이다. 주님의 영이 부어질 때 우리는 전혀 예상하지 못한 일을 이루며 감당할 수 없던 일도 감당하게 된다.

기름부으심과 은혜의 차이가 무엇인가? 은혜가 좀 더 수동적인 의미라면 기름부으심은 좀 더 적극적인 의미다. 은혜는 받았지만 사명을 받지 못한 사람이 있다. 사명을 감당케 하는 능력이 기름부으심에 있다.

비유하자면, 은혜가 자동차라면 기름부으심은 연료와 같다. 차가 있어도 연료가 없으면 자동차는 갈 수 없다. 자동차는 있는데 기름이 없고, 가야 할 목적지가 없다면 그것은 온전한 은혜라고 할 수 없다. 은혜를 위한 더 깊은 차원의 부르심이 바로 기름부으심이다.

기름부으심의 인생을 소망하며

사역하면서 참 안타까운 경우를 많이 보았다. 정말 열심히 하는데, 생각보다 일이 잘 안 풀리는 사람들이다. 왜 되는 사람은 되고 안되는 사람은 안될까? 나는 그 비밀이 기름부으심에 있다고 생각한다.

무슨 일을 꼭 열심히 한다고만 해서 되는 게 아니다. 성령께서 부어주셔야만 가능한 것이 있다. 이것이 기름부으심의 능력이고 힘이다. 기름부으심은 평범을 비범으로 만들고 일상을 기적으로 만드는 능력이 있다. 전혀 꿈꿔보지 못한 인생을 살게 하는 능력이 있다. 기름부으심이 있는 인생은 분명 뭔가 다른 게 있다.

이 책은 기름부으심의 인생은 어떤 것이 다른지, 무엇을 준비해야 하며 평생 무엇을 구하며 살아야 할지를 이야기하고 있다. 나는 이 책을 읽는 모든 성도님의 삶에 이런 기름부으심의 경험이 있기를 소망한다. 그래서 그분들이 인생에서 주님이 부어주시는 은혜를 꼭 경험하길 소망한다.

이제 당신의 차례다. 정말 기름부으심의 인생을 사모하는가? 그렇다면 이제 그분의 음성 앞에 한번 귀 기울여 보라. 전혀 생각지 못한 미래가 당신 앞에 펼쳐질 것이다.

먼저, 인생의 달려갈 길과 내게 주신 부르심이 무엇인지 알게 해주신 하나님께 진심으로 감사드린다.

그리고 이 책이 나올 수 있도록 아낌없는 조언을 해주신 규장의 여진구 대표님에게 감사드린다. 누구보다 평생의 멘토이신 이동원 목사님에게, 그리고 사역의 현장에서 귀한 동역자로 세워주신 진재혁 목사님에게 감사드린다.

부족한 저를 늘 어머니의 품처럼 품어주셨던 지구촌교회 성도님들에게 감사드린다. 또한 원고가 나올 수 있도록 곁에서 도와준 김하늘 간사와 책 속에 숨은 간증의 주인공이 되어주신 신동탄지구촌교회의 모든 가족에게도 감사드린다.

마지막으로, 기도하면서 묵묵히 곁을 지켜준 사랑하는 아내 박은희, 그리고 사랑하는 두 딸 서현, 승현에게 감사의 마음을 전한다.

평생 기름부으심이 있는 인생이 되길 소망하며

박춘광 목사

CONTENTS

ANOINTING

1

기름부으심의
인생은
무엇이
다른가?

큰 산이 평지가 되는
은혜가 있다

은혜가 만드는 길

'은혜가 있으면 큰 산도 평지가 된다. 그러나 이 은혜가 없
으면 평지도 큰 산처럼 어렵다.'

사역하면서 내가 배운 귀한 영적 원리 중 하나다. 기름부으
심이 있는 인생은 무엇이 다를까? 기름부으심은 큰 산도 평지
로 만드는 은혜가 있다.

그가 내게 대답하여 이르되 여호와께서 스룹바벨에게 하신 말씀이
이러하니라 만군의 여호와께서 말씀하시되 이는 힘으로 되지 아니
하며 능력으로 되지 아니하고 오직 나의 영으로 되느니라 큰 산아
네가 무엇이냐 네가 스룹바벨 앞에서 평지가 되리라 그가 머릿돌
을 내놓을 때에 무리가 외치기를 은총, 은총이 그에게 있을지어다
하리라 하셨고 슥 4:6,7

스룹바벨은 1차 바벨론 포로 귀환 당시 백성들을 이끈 사람으로, 이 구절은 성전 재건이 생각보다 잘 진행되지 않을 때 하나님께서 그에게 주신 말씀이다. 하나님의 일은 우리의 힘과 능력으로 되지 않는다는 것을 이 말씀에서 알 수 있다.

하나님의 일을 자신의 힘과 능력으로 하려는 사람들이 있다. 그러나 하나님의 일은 우리가 가진 힘과 능력만으로 되는 것이 아니다. 오직 주님의 영이 함께할 때, 주님이 함께하실 때 가능하다.

은혜가 있으면 큰 산이 평지가 되는 역사가 일어난다. 이스라엘 사람들이 스룹바벨을 보며 "은총, 은총이 그에게 있을지어다"라고 이야기한다. 여기에서 은총은 히브리어 '헨'이라는 단어인데 은혜라고 바꾸어도 무방하다.

이스라엘 백성들은 하나님의 은총이 깃든 사람들이 어떤 인생을 사는지 깨달았다. 그 가는 길은 마치 큰 산이라 할지라도 평지가 되는 것을 알고 있었다. 그렇다. 은혜는 이처럼 큰 산도 평지로 만든다. 그러나 아무리 평탄해 보이는 길이라도 하나님의 은혜가 없으면 산처럼 험하고 어려운 법이다.

이것이 기름부으심의 비밀이다. 하나님의 사람에게는 이 은혜가 필요하다. 이 기름부으심이 필요하다. 나는 사역하면서 늘 이 기름부으심을 사모했고, 오늘도 하나님의 이 은혜를 간

구한다. 그리고 이 땅의 모든 성도의 삶이 이 은혜를 구하는 삶이 되길 기도한다.

박 목사야, 이 건물은 아니다

개척 초기에 상가 건물을 얻을 때의 일이다. 몇억 원이 넘는 건물을 분양받았는데, 갑자기 분양 해지 통보를 받았다. 건물주가 두 명인데 그중 불교 신자인 사람이 도저히 자기 건물에 교회가 들어오게 할 수 없다는 것이다.

부동산에서는 소송하면 이길 수 있다고 했지만 기도하는 가운데 '주님의 교회를 세우는데 소송해서 이긴다 한들 무슨 덕이 되겠는가' 하는 생각이 들어서 깨끗하게 내려놓았다. 그러나 금전적인 손실은 이만저만이 아니었다. 개척의 첫 발걸음은 그렇게 흔들리기 시작했다.

그런데 며칠 후 한 권사님에게서 연락이 왔다. 아는 장로님이 동탄에 건물을 지어놓으셨는데 맨 위층은 교회를 임대하려고 비워놓고 계신다는 것이다. 완전 복음이었다.

다음날 이른 아침에 동탄으로 내려갔다. 동탄역 주변에 있는 5층 건물로, 맨 위층이 비어 있고 심지어 옥상까지 다 사용할 수 있는 조건이었다. 임대 가격도 주변 시세보다 20-30퍼

센트나 저렴하게 해주신다고 했다. 순간 '하나님의 인도하심이다'라는 생각이 들었다.

그러나 하나님의 일을 할 때 조심해야 할 것을 이때 한 가지 배우게 되었다. '이것이 하나님의 뜻이다'라는 유혹이다. 건물 소개를 듣고 밖으로 나와 맞은편에서 그 건물을 보는데, 하나님이 내 마음에 말씀하셨다.

"이 건물은 아니다."

처음에는 내가 무엇인가를 잘못 들었나 했지만, 주님은 분명히 말씀하셨다.

"박 목사야, 이 건물은 아니다."

그 이유를 알게 되었다. 계약할 상가 오른쪽에도 이미 개척교회가 있고, 반대편에도 개척교회가 있었다. 그리고 모퉁이 바로 뒤에도 또 다른 작은 교회가 보였다.

임대할 장소 자체는 너무 좋은 조건으로 보였지만, 여기에 개척해서 사람이 많아진들 이것이 주님께 무슨 영광이 되겠나 싶었다. 솔직히 너무 아쉬운 마음이 들었지만, 다른 개척교회를 힘들게 하면서까지 교회 개척을 하면 안 된다는 생각이 들어 결국 내려놓았다.

이렇게 세상 물정을 몰라서야…

같이 갔던 분들이 말씀하셨다.

"목사님, 세상 물정을 너무 모르신다. 지금은 건물 건너 교회가 있는 시대가 아닙니다. 한 건물 안에 여러 교회가 있는 시대입니다. 목사님이 이렇게 세상 물정을 몰라서야…."

그렇게 나는 세상 물정을 잘 모르는 목사가 되었다. 사실 눈 감고 그냥 진행하고 싶은 마음도 없지 않았지만 주님은 말씀으로 분명히 가르쳐주셨고 순종할 마음을 주셨다. 그때 그 마음을 붙들어주신 분이 성령 하나님이심을 나는 믿는다.

주님께 순종한 덕분(?)에 비싼 대가를 치르고 또 다른 상가 건물을 분양받은 후의 어느 토요일 오후였다. 퇴근길에 주님이 한 자매를 생각나게 하셔서 안부 차 전화를 했다. 이전 지구촌교회에서 친하게 지냈고, 〈전도폭발〉 임상훈련을 같이 다녀온 자매였다. 그런데 자매의 첫 마디가 뜻밖이었다.

"목사님, 뭘 아시고 전화를 하셨어요?"

"아니야, 주님이 마음을 주셔서 그냥 전화한 거야."

이 자매는 서울에서 발레 학원을 운영하고 있었는데 방금 동탄에 2호점을 계약하고 오는 길이라고 했다.

"목사님, 건물이 어딘지 맞혀보실래요?"

당시 우리는 리더스뷰 3층을 분양받은 상태였는데 그 자매의 대답, "목사님, 리더스뷰 4층이요!"

나는 한동안 말을 할 수가 없었다. 왜 그렇게 계약했느냐고 물으니, 예전에 자기가 "목사님, 개척하세요. 따라갈게요"라고 말했던 것이 떠올랐다고 했다. 그리고 기도할 때 머릿속에 자꾸 신동탄자구촌교회 개척이 생각났고, 그 교회가 보석처럼 너무도 밝게 빛나는 모습을 보았는데 이 교회를 섬겨야겠다는 마음을 주님이 주셨다는 것이다.

그래서 마음 바뀌기 전에 먼저 계약부터 했다는 말에 참 감사했고, 마음속에 뜨거운 것이 확 올라왔다. 자매는 4층의 발레 학원을 주중에는 자기가 쓰고 주일에는 교회가 교육관으로 쓰면 좋겠다고 했다.

그렇게 우리 교회는 개척하면서부터 교육관이 생기게 되었다. 이후에 이 자매는 아예 동탄으로 이사를 와서 교회에 등록하고 교회 목자로도 한동안 너무 귀하게 섬겨주었다.

이 일을 경험하면서 하나님의 일은 절대 사람의 힘과 욕심으로만 되지 않는다는 것을 깨달았다. 그리고 주님의 은혜가 있어야 함을 실감하게 되었다.

주님의 은혜가 있으면 큰 산도 평지처럼 걷는다. 하지만 주님의 은혜가 없으면 작은 평지도 큰 산처럼 힘들다. 지금 우리가 구해야 할 것은 바로 이 큰 산이 평지가 되는 은혜다.

크고 은밀한 일을 맛보는
은혜가 있다

척박하고 황무지 같았던 비전의 땅

하나님이 주신 보물은 척박하고 황무지 같은 곳에 숨겨진 경우가 생각보다 많다. 우리 교회는 모교회인 지구촌교회의 전략적 교회 개척의 일환으로 동탄에 개척되었다. 2017년 9월에 개척하여 첫 예배를 드렸고, 이후 2년 반 만에 출석 교인이 6백 명이 넘는 교회로 성장했다.

교회는 개척 이후 6개월마다 새롭게 리모델링을 했지만 그 공간은 늘어나는 성도의 숫자를 감당하기에 역부족이었다. 또 한 번의 새로운 변화가 필요한 시기였다.

어느 주일, 장로님 부부가 찾아와 예배 끝나고 함께 가보고 싶은 곳이 있다고 하셨다. 개척 시작부터 함께한 장로님 가정이라 무슨 걱정이 있으신가 해서 염려스러운 마음으로 따라갔다.

도착한 장소는 동탄역 근처 지식산업단지 안에 있는 한 종교 부지였다. 부지라고 말하기에는 돌이 무수히 쌓여 있는 척박한 황무지였다. 최근에 분양할 종교 부지로, 분양을 위한 평탄화 작업을 하고 있다고 했다.

당시 그 땅에는 큰 송전탑 전신주가 서 있었고, 큰 바위 같은 시멘트 덩어리가 묻혀 있었다. 그리고 물이 고인 자그마한 웅덩이도 있었다. 첫인상은 척박하기 그지없고 아무런 매력이 없는 땅이었다.

그런데 땅값을 듣고 놀랐다. 당시 우리 교회 1년 예산의 거의 열 배가 넘었다. 교회 재정을 생각하면 절대 매입을 상상할 수 없는 금액이었다. 나는 너무 큰 금액이라서 감당할 수 없을 것 같다고 말씀드렸다.

그러나 당시 재정 장로님은 그래도 우리가 검토라도 한번 해보자는 믿음의 말씀을 하셨다. 나는 지금도 귀한 장로님에게 감사하다. 당시 나는 이것을 볼 수 있는 눈이 부족했는데 장로님은 늘 이렇게 긍정적으로 상황을 보고, 내가 보지 못하는 부분을 보셨다.

목사가 처음부터 안된다고 말하면 안 될 것 같아서 장로님의 권면을 따라, 만약 이 땅이 6개월 뒤에도 남아 있으면 그때 다시 기도해보겠다고 했다.

일을 행하시는 여호와

6개월 뒤 그 땅을 다시 문의하였다. 여전히 땅은 계약되지 않았고 수의계약(경매나 입찰 등의 경쟁계약이 아니라 적당한 상대방을 임의로 선택하여 계약을 맺는 것)으로 남아 있었다. 보통은 신도시에 종교 부지가 나오면 주변 큰 교회들이 매입을 원하기 때문에 대부분 추첨제로 진행된다. 그런데 그 땅은 어떤 교회도 지원하지 않았다.

당시 우리 교회가 가진 돈은 계약금이 전부였다. 그래도 기도는 해보겠다고 약속한 대로 기도를 시작했다. 기도하는데, 주님께서 주시는 매입에 대한 마음이 있었다. 기도 가운데 주님은 네 입을 크게 열라는 말씀과 함께 그 땅을 매입할 마음을 주셨다.

이후로 좀 더 알아보다가, 기도의 응답처럼, 금액이 너무 크기 때문에 LH에서 3년에 걸쳐 6개월씩 분할 상환을 할 수 있게 했다는 것을 알게 되었다.

처음에는 너무 큰 금액만 보고 우리가 할 수 없다고만 생각했는데, 믿음의 눈으로 보려고 하자 전에 보이지 않던 것들을 보게 되었다. 주님은 이미 그것을 계획하고 계셨는데, 우리의 불신이 그것을 보지 못하도록 가리고 있었던 것 같다.

3년 분할 상환이라 해도 부담은 되었지만, 교회 리더십들과

상의하고 결국 교회 부지를 계약하였다. 믿음의 한 걸음을 내디딘 것이다. 교회를 개척한 후 2년 반 만에 이루어진 놀라운 역사였다. 더 놀라운 것은 계약 후 단 한 번의 연체도 없이 토지 매입 대금을 완납한 것이다. 기적이었다.

기적이라고 말할 수 있는 또 하나의 분명한 이유는 그때가 코로나 시기였기 때문이다. 부지 계약 후 6개월 만에 코로나 시기가 왔다. 현장 예배가 불가능하고, 오로지 하늘만 바라봐야 할 시기였다. 개척 2년 반밖에 안 된 교회가 이 큰 금액을 감당한다는 것은 불가능한 일이었다.

그래도 우선 교회의 상황을 성도들에게 투명하게 알리고 구체적인 사안들을 중보기도 제목으로 나누었다. 비록 사역자들 외에는 예배당에 아무도 없을 때도 있었지만, 주님의 인도하심을 믿고 함께 기도하자고 부탁했다.

그러자 생각지 못한 헌신이 여기저기서 나타나기 시작했다. 어떤 분은 일터로 가다가 헌금을 사무실에 걸어놓고 가셨고, 교통사고로 받은 보험금을 헌금하는 분이 계신가 하면, 부모님의 유산을 헌금한 선교사님도 계셨다.

이런 간증들이 온라인을 통해 공동체로 전달되면서 코로나 때 서로에게 힘이 되었다. 어려운 시기였지만 우리는 그렇게 더욱 단단해지고 더욱 뜨거운 공동체가 되어갔다.

코로나 시기, 첫 납부금을 납부하면서부터 성도들의 마음이 하나둘 모이기 시작하더니 '코로나 기간에 우리 손으로 이 일을 마무리하자'라는 마음으로 하나가 되었다. 누구라고 할 것 없이 다들 팔을 걷어붙이고 헌신했다.

그렇게 공동체를 통해 주님께서 이루어가시는 일을 경험하면서, 나는 주님의 공동체가 한마음이 될 때, 하나 되어서 기도할 때 더욱 놀라운 역사를 이룬다는 것을 깨달았다. 그때의 깨달음으로 나는 확실히 믿게 되었다. 내가 일하면 내가 일하지만, 우리가 기도하면 하나님이 일하신다는 것을.

일을 행하시는 여호와, 그것을 만들며 성취하시는 여호와, 그의 이름을 여호와라 하는 이가 이와 같이 이르시도다 너는 내게 부르짖으라 내가 네게 응답하겠고 네가 알지 못하는 크고 은밀한 일을 네게 보이리라 렘 33:2,3

비전만큼 살고 기도만큼 이루는
신비가 있다

말씀의 심폐 소생술

사람은 비전만큼 살고 그가 엎드린 기도만큼 이루는 것 같다. 나는 열등감과 비교의식이 많고, 무엇을 해도 잘 안된다는 패배의식도 있었다. 남들은 정말 쉽게 가는 길을 돌아갈 때도 많았다.

그런데 너무나 가난하고 무엇 하나 제대로 이룬 것이 없던 시절, 말씀 하나가 내 인생에 다가왔다. 신학교 개강 집회에 참석했는데 그날 강사 목사님의 설교를 통해 하나님의 말씀이 너무나 뚜렷하게 들려왔다.

만일 네가 보행자와 함께 달려도 피곤하면 어찌 능히 말과 경주하겠느냐 네가 평안한 땅에서는 무사하려니와 요단 강물이 넘칠 때에는 어찌하겠느냐 **렘 12:5**

나는 사람이 망하려면 귀가 망하고, 살려면 귀가 살아난다고 생각한다. 그런데 그날 설교를 듣는 가운데 이 말씀이 들려왔다. 사실 처음 이 말씀을 들었을 때는 웃었다. 당시 나는 보행자와 달려도 무척 피곤한 인생이었기 때문이다.

친구들 가운데 유독 목회자 자녀가 많았다. 그래서인지 모르겠지만 다들 사역을 너무 잘하는 것처럼 보였다. 아니, 실제로 정말 잘했다. 설교를 해도 정말 잘하고, 주일학교 교사를 해도 너무 잘했다.

나는 친척 중에 예수 믿는 사람이 거의 없고 더더욱 사역자라곤 오직 나밖에 없다. 그랬기에 친구들과 비교해 목회의 출발선이 아주 다르다고 생각했다. 그래서 그 말씀이 들렸을 때 처음에는 "하나님, 저는 지금 보행자와 달려도 너무 피곤한 인생입니다"라고 기도했다.

그런데 그날 내가 정말 잘한 것이 있다. 내 생각과 판단을 믿지 않고, 주님의 말씀을 붙들기로 결단한 것이다. 나의 부족함을 내가 잘 알기에 내 판단과 상황을 믿지 않기로 했다. 대신 주님의 말씀을 정말 믿기로 결단하고서 이 말씀을 선포하고, 고백하고, 기도했다.

"주님, 저는 아직 제 미래는 잘 알지 못하겠습니다. 그렇지만 이 말씀을 그대로 믿습니다."

나는 지금도 이 말씀을 그대로 믿고 있고, 고백하고 선포한다. 그리고 기도한다. 내 미래가 앞으로 어떻게 될지 모르지만, 주님은 이 말씀대로 인도해 주시리라고 믿는다.

우리가 들은 말씀에도 심폐 소생술이 필요하다. 설교 때 들은 말씀이 현실을 만나면 그 말씀은 마치 길가에 떨어진 씨앗처럼 곧 말라 죽거나 사라질 수 있다. 이때 나는 이 말씀을 살리는 작업을 하는데 이것을 내 나름대로 '말씀의 심폐 소생술'이라 부른다.

나에게 주신 한 말씀이 있으면 그 말씀을 바로 출력해서 잘 보이는 곳마다 붙여 놓는다. 그리고 그 말씀이 입술에서 마음으로 내려올 때까지 그 말씀을 가지고 기도한다. 그러면 어느 날 그 말씀이 내 영혼에 살아나고, 내 말씀이 되어 내 영혼에 안착하게 된다.

인생은 비전만큼 살고 기도만큼 이룬다

얼마 전 모교인 한국침례신학대학교의 초청을 받아 학교 채플에서 설교하게 되었다. 학부를 졸업한 지 벌써 30년이 훌쩍 지났다. 학교에 도착해서는 예전에 많이 걸었던 캠퍼스의 이곳저곳을 거닐었다. 교정은 많이 변해 있었다. 나무들은 어느새 제법 큰 숲이 되어 있었고, 늘 새것 같던 건물들도 담쟁이들이 올라간 흔적과 함께 세월의 흐름을 실감케 했다.

모처럼 걸어보는 캠퍼스에서 그 시절 친구들의 목소리가 들리는 듯했다. 참 따스하고 은혜가 있었던 교정이다. 주님의 부르심을 받고 이 선지동산에서 배울 수 있었음이 내 인생의 큰 특권이었다는 생각을 다시 한번 하게 되었다.

선배 목회자로서 후배들 앞에 서는 일은 긴장이 되었다. 미리 설교 원고를 보내놓고 당일 총장실에서 총장님을 뵙고 채플에 들어갔다. 모든 신학교가 다 그렇겠지만, 우리 한국침례신학대학교 채플은 정말 뜨겁다. 강당을 가득 메운 신학생들의 찬양 소리와 기도 소리에 주님의 임재를 느꼈다.

그날 예배를 드리면서 한 곳에 내 시선이 머물렀다. 강당 한쪽 구석에 앉아 있는 한 학생이었다. 절박하게 기도하는 모습에 과거 내 모습이 생각났다. 30년 전, 이 강당에 오면 나는 으레 그 자리에 앉아 밤새도록 기도했고 특히 새벽에는 그 의자를 붙들고 정말 많이 기도했다.

그날 내가 이 채플에서 드렸던 한 기도가 생각났다.

"주님, 제 인생에 은혜를 주옵소서. 주님, 훗날 여기 강단에 설 기회를 주옵소서."

설교 전, 그때의 기도가 생각나면서 순간 눈물이 핑 돌았다.

30년이 지났지만, 그 세월 동안 주님이 내 기도를 잊지 않고 계셨음을 깨닫고 너무도 감사했다.

말씀을 전하는 가운데 주님의 임재가 느껴졌다. 나는 정해진 시간 안에 주님의 마음이 전달되길 기도했고, 할 수 있는 최선을 다해 후배들에게 말씀을 전했다. 진심은 늘 통한다고 믿는다. 후배들도 부족한 선배의 말씀 앞에 반응하며 강당이 터져나갈 정도로 기도했다.

선배 목회자로서 이보다 큰 기쁨이 또 어디에 있을까. 주님께 쓰임 받을 수 있음에 감사하고, 말씀의 통로로 쓰임 받을 수 있음에 행복한 시간이었다. 무엇보다 주님께서 나의 기도를 잊지 않으셨음에 가슴 벅차게 행복한 시간이었다.

나는 지금도 믿는다. 사람은 비전만큼 살고 기도만큼 이룬다고. 이 땅의 많은 성도가 주님 앞에 비전을 구할 수 있기를 바란다. 그리고 그 비전은 무릎을 꿇은 만큼 성취할 수 있다는 것도 배우기를 바라며 기도한다.

그물이 찢어지는
은혜가 있다

말씀에 의지하여 그물을 내려라

신학을 공부하면서 말씀에 대한 귀중한 교훈을 배우게 한 헬라어 단어들이 있다. '로고스'와 '레마'라는 단어다. 통상적으로 한국 교회 안에서는 '로고스의 말씀', 또는 '레마의 말씀'으로 많이 불리긴 한다.

둘 다 '말씀'을 가리키지만, 의미는 조금 다르다. 로고스는 기록된 말씀이고 레마는 마음 판에 새겨진 말씀이다. 로고스가 기록된 말씀으로서의 성경을 강조한다면, 레마는 마음에 감동이 와서 은혜가 되어 새겨진 말씀을 가리킨다.

베드로가 말씀에 의지해 그물을 내리는 누가복음 5장의 장면에서 그의 두 가지 모습을 보게 된다.

하나는 '밤이 새도록' 물고기를 잡는 베드로의 열심이다. 그는 밤새도록 고기를 잡을 만큼 집념이 강했고 한번 일을 시작하면 끝장을 보는 사람이었다.

또 하나는 그가 '말씀에 의지해서' 그물을 내렸다는 점이다. 보통 집념이 강하고 고집이 센 사람이 자기 신념을 내려놓는 일은 쉬운 일이 아닌데 그런 그가 주님의 말씀에 의지해서 그물을 내렸다.

> 시몬이 대답하여 이르되 선생님 우리들이 밤이 새도록 수고하였으되 잡은 것이 없지마는 말씀에 의지하여 내가 그물을 내리리이다 하고 눅 5:5

여기에 쓰인 단어가 '레마'다. 베드로는 그전에도 주님의 말씀을 들었다. 그러나 그날 그 시간 그때 들은 말씀이 그의 영혼에 와서 부딪힌 것이다. 베드로는 그 말씀에 의지해서 그물을 내렸고, 그때 그물이 찢어지는 역사가 있었다.

나는 사역하면서 베드로가 물고기를 잡는 이 장면을 묵상할 때면 늘 영적으로 소망하는 것이 있었다. '그물이 찢어지는'(눅 5:6) 역사와 '두 배에 채우매 잠기게 되는'(눅 5:7) 역사다.

사역하다 보면, 정말 주님 말씀에 순종했을 때 자기가 생각지 못한 두세 배의 축복을 받는 경우를 간혹 보게 된다. 그리고 그 축복은 순종한 자신뿐 아니라 함께하는 동역자들까지 누리게 된다.

어떻게 하면 이런 놀라운 축복의 주인공이 될 수 있을까? 사역 속에 늘 이런 목마름과 갈망이 있었다. 이런 축복은 주님께 받은 레마의 말씀이 있을 때 가능하다고 생각한다.

성령의 기름부으심을 사모하는 사람은 이 레마의 말씀을 구하는 사람이다. 말씀에 의지해서 그물을 내렸을 때 두 배에 채우매 잠기게 되는 역사, 그물이 찢어지는 역사가 있음을 믿는 사람이다.

우리의 영혼은 말씀을 먹어야 살 수 있다. 영혼의 양식인 말씀을 먹을 때 충만해진다. 레마의 말씀은 우리 영혼의 힘이며 능력이다. 예수님도 우리 영혼이 살 방법으로 이 레마를 말씀하셨다.

예수께서 대답하여 이르시되 기록되었으되 사람이 떡으로만 살 것이 아니요 하나님의 입으로부터 나오는 모든 말씀으로 살 것이라 하였느니라 하시니 마 4:4

여기에 기록된 '말씀'이 바로 '레마'다. 하나님의 사람들이 살 길은 바로 이 레마의 말씀이고 인생에서 가장 확실한 길은 말씀이 만들어내는 길이다.

나는 한 인생의 역사가 바뀌기 위해서는 말씀 한 구절이면 충분하다고 믿는다. 마음에 박힌 레마의 말씀 한 구절이면 충분하다. 말씀이 내는 길을 걸어라. 말씀이 만드는 길을 사모하라. 우리 주님은 말씀으로 길을 만드시는 '웨이 메이커'(Way Maker)시다.

레마의 분명한 특징

하나님께서 주신 말씀에는 두 가지 특징이 있다.

하나는 잊히지 않는다는 점이다. 말씀을 많이 들어도 오래 남지 않고 기억도 잘되지 않는 말씀이 있다. 그것은 아직 내 말씀이 아니어서 그렇다고 생각된다. 하나님께서 주신 말씀은 잊으려고 노력해도 절대 잊히지 않는다.

또 하나, 하나님이 주신 말씀은 내 마음에 믿어진다는 점이다. 말씀이 믿어지면 끝난다. 말씀을 들었는데 자꾸 의심되고 아직 확신이 없다면 아직 내 말씀이 아니기 때문이다.

주님께서 주신 말씀은 내 영혼을 움직이는 힘이 있다. 그 말씀이 능력이 되고, 내 영혼과 혼과 골수를 찔러 쪼갤 수 있다. 내 불신과 의심을 다 태워버리고 내 영혼에 안착하여 내 영혼을 소원의 항구로 인도한다.

개척을 마음먹고 기도하면서 개척의 상황에 주시는 말씀의 은혜를 구했지만, 생각보다 그 말씀이 잘 떠오르지 않았다. 주일예배를 드리면서, 새벽기도를 하면서 말씀의 은혜를 구했다.

그러던 중 교회의 배려로 '인큐베이터'(지구촌교회에서 새로운 교회를 개척하기 위한 준비 기간)라고 불리는 시간을 갖게 되었다. 이를 진행하고 있던 어느 날 주님께서 히브리서의 말씀을 떠오르게 해주셨다.

그러므로 우리는 긍휼하심을 받고 때를 따라 돕는 은혜를 얻기 위하여 은혜의 보좌 앞에 담대히 나아갈 것이니라 히 4:16

개척을 준비하면서 이 말씀이 내 영혼에 들어온 날부터 잊히지 않았다. 개척을 위해서 기도할 때도, 밥을 먹을 때도, 친구를 만날 때도 이 말씀이 생각났다. 더 감사한 것은 이 말씀이 믿어졌다는 것이다.

이 말씀을 받은 후로, 하나님의 일하심이 눈으로 보였다. 때를 따라 돕는 은혜가 보였다. '하나님께서 이 일을 기뻐하신다'라고 생각될 때 대개 물질과 사람, 이 두 가지를 채워주시는 경우가 많은 것 같다.

먼저, 개척에 필요한 사람들을 보내주셨다. 상가를 매입해야 할 상황에서는 동탄에 미리 가서 사업하고 계신 권사님을 만나게 하셨다. 인테리어를 해야 할 때는 동탄에서 인테리어를 하시는 집사님을 우연히 만나게 하셨다. 정말 때를 따라 돕는 은혜였다.

재정 면에서도 하나님은 먼저 지구촌교회를 통해서 전략적 개척을 위한 지원을 확정해 주셨고, 잘 알지도 못하는 성도들의 헌금도 받게 해주셨다. 심지어 교제가 많지 않았던 타 교회 성도님의 헌금도 지원받았다.

이 모든 것이 정말 때를 따라 돕는 은혜였다. 개척의 시기, 주님은 정말 만나와 메추라기로 먹이는 역사와 불기둥과 구름기둥으로 인도하시는 은혜를 경험하게 하셨다. 이 모든 것이 레마의 말씀, "때를 따라 돕는 은혜"를 통해서 오게 된 축복이다.

이 글을 읽는 모든 독자에게 이렇듯 레마의 말씀을 받는 은혜가 있기를 기도한다.

합력하여 선을 이루는
은혜가 있다

유학을 준비하다

하나님께서 은혜를 주시는 인생은 어떤 길을 걸을까? 나는 그 길은 모든 것이 합력하여 선을 이루는 길이라고 믿는다. 하나님을 사랑하는 자 그리고 하나님의 사랑을 입은 자가 걸어가는 모든 길은 합력하여 선을 이루는 길이라고 믿는다.

나는 신학교 초기부터 유학에 대한 마음이 있었다. 그래서 틈틈이 영어 공부도 하고 친구들과 스터디그룹을 짜서 준비하기도 했다.

지구촌교회에서 10년 정도 사역했을 때, 유학을 위해서 한번 교회를 사임한 적이 있다. 이미 결혼해서 큰아이가 이제 두 돌이 되었을 무렵인데 나는 서울로 올라가 학원에서 공부하며 아내와 주말 부부로 지냈다. 그때 후배가 주중에 학교 기숙사에 들어와 지낼 수 있게 배려해줘서 참 감사했다.

학원에 등록했지만 수중에 딱 한 달 치 학원비 정도밖에 없었기 때문에 나머지는 여기서 아르바이트를 하며 뭐든 해야 했다. 어떻게 할까 고민할 때 어학원에서 대표님 근로 장학생으로 선정되면 강의를 무료로 수강할 수 있다는 이야기를 들었다. 그래서 무작정 숙소로 돌아와 장문의 편지를 썼다.

"가난한 신학생이고 유학을 준비하고 있습니다. 이 공부를 꼭 하고 싶고 미국 유학을 가고 싶습니다. 그런데 현재는 돈이 없습니다. 꼭 도와주시기를 부탁드립니다."

절절한 사연을 적어 원장님에게 보냈다. 며칠 동안 아무 응답이 없던 학원에서 어느 날 나를 불렀다. 원장님이 그 편지를 보고 이 학원에서 장학생으로 공부할 수 있게 해주셨다고 했다. 원장님 강의뿐만 아니라 추가 과목까지 더 수강할 수 있게 큰 배려를 해주셨다. 너무 감사한 시간이었다.

그렇게 한창 유학을 준비하고 있을 때, 우리 부부를 주례해 주신 목사님이 뜻밖의 제안을 해주셨다. 대전에 있는 한 교회의 목사님이 곧 은퇴하시니 거기 가서 후임 목회를 배우라는 것이다.

목사님은 내게 앞으로 교수를 할 것인지 목회할 것인지 물으셨다. 내가 "목사님, 저는 목사 할 겁니다"라고 대답하자 추천서를 보낼 테니 거기서 사역하라고 하셨다.

그때가 31세였다. 참 부끄럽게도 당시 내 꿈은 빨리 담임목사가 되는 것이었다. 그래서 어차피 유학을 다녀와도 결국 목회할 것인데 이게 더 빠른 길이 아닌가 생각되어, 준비하던 유학을 내려놓고 목사님이 소개해준 교회로 갔다.

모든 것을 합력하여 선을 이루시는 하나님

결론부터 이야기하면 새로운 교회를 섬긴 지 서너 달 만에 '내 욕심이 앞섰구나' 생각되었다. 섬기게 된 교회가 내 생각과는 차이가 있었다. 이 부분은 내 인생의 흑역사이기도 하다.

거기서 더 많이 인내하고 더 성숙하게 행해야 했는데, 그때는 너무 미성숙했고, 욕심이 너무 앞섰던 시기였다. 순전히 내 욕심과 야심으로 판단 착오를 했다는 생각을 지울 수 없고, 지금 돌아보면 너무 죄송한 마음이다. 젊은 날 욕심이 앞섰던 내 부족함의 소치였다고 생각한다.

그렇게 유학은 좌절되고 사역지에서는 방황의 시간을 보내고 있는데, 정말 감사하게도 어느 날 지구촌교회에서 "다시 돌아와서 사역할 수 있겠느냐?"라는 연락이 왔다. 보통 한번 나간 사역자는 다시 뽑지 않는 전례를 보았을 때 정말 이례적인 제안이었다.

감사하게도 그렇게 다시 지구촌교회로 돌아가게 되었지만 내 인생은 끝났다는 패배감이 있었다. 함께 공부한 친구들이 대부분 유학 가고, 후배들도 많이 유학길에 올랐기 때문이다.

　그런데 교회에서는 일정한 교회 근무 연차가 되면 학업의 기회를 주었다. 덕분에 한국에서 사역하면서 새롭게 개설된 미국 신학교의 대학원 과정을 공부할 수 있게 되었다.

　이 과정은 한국에서 수업을 듣되, 필수과목은 미국에서 수강하고 졸업식을 현지에 가서 참석하면 되었다. 한국 학생들을 위한 학교의 배려였다.

　감사하게도 교회 사역이 많이 익숙해진 시기라 조금 시간적인 여유가 있어서 미국 리버티신학교에 지원했다. 그곳은 사실 처음 유학을 준비하면서 가고자 했던 바로 그 학교였다.

　학교에서 입학 허가가 나왔을 때 너무 신기했다. 유학을 준비할 때는 그렇게 두드려도 열리지 않던 문이 이렇듯 뜻밖의 계기로 새롭게 열리는 것을 보며 왠지 모르게 하나님께서 놀라운 길로 인도하실 것 같았고, 그것은 현실이 되었다.

　사역과 학업을 병행하는 과정에서 다소 시간은 더 걸렸지만, 교회의 배려로 공부를 마치고 마침내 졸업할 수 있게 되어 미국행 비행기를 탔다. 미국의 교회들을 돌아보고 졸업식장으로 갔다.

미국 대학교는 특이하게 전교생이 모여 학교 운동장에서 졸업식을 했다. 다 세어보지는 않았지만 만 명이 넘는 인파가 졸업식장을 가득 메웠다. 그날 그 시간, 귀한 말씀 하나가 떠올랐다. 그 말씀 때문에 졸업식 내내 마음이 먹먹했다.

우리가 알거니와 하나님을 사랑하는 자 곧 그의 뜻대로 부르심을 입은 자들에게는 모든 것이 합력하여 선을 이루느니라 롬 8:28

진심으로 주님의 은혜를 사모하는 인생은 그 인생이 주님의 손안에서 합력하여 선을 이룸을 믿는다. 기름부으심이 있는 인생은 지금 실패인 것 같아도 주님께서 그것을 합력하게 하셔서 결국 선을 이루신다. 기름부으심이 있는 인생은 실패가 없다. 단지 합력하여 선을 이루는 삶만이 있을 뿐이다.

그날 졸업식장에서 귀한 말씀과 함께 귀한 곡을 하나 들었다. 그 무렵 한국 교회에서 찬양으로 많이 불리던 〈You raise me up〉이라는 곡을 거기서 처음 듣게 되었는데 가사 한 줄 한 줄이 마음에 참 큰 울림이 되었다.

내 영혼이 많이 지쳐 있을 때 미래에 대한 마음이 무거운 침묵처럼 느껴졌지만, 주님이 나를 일으켜 주님의 산 위에 세워주실 것이라는 믿음의 고백을 그 가사 안에서 듣게 되었다.

나의 나 된 것은 내 힘과 내 능력이 아니라는 것, 주님이 나를 세우시고 붙들어 주셨을 때 내가 진정으로 강해질 수 있고 더 큰 내가 될 수 있다는 귀한 주님의 마음을 알게 되었다. 그때 주님 앞에 기도했다.

"주님, 나를 일으켜 주옵소서.

주님, 나를 붙들어주옵소서.

주님, 나를 새롭게 하여주옵소서.

주님, 내가 주님을 통해 더 큰 내가 될 수 있게 하옵소서."

주님은 그때 이 기도를 들으셨고, 앞으로 그렇게 인도하실 것을 믿는다.

2

기름부으심의
인생은
무엇을
준비해야 하는가?

성공하는 일보다
성공하는 태도

태도가 우리의 내일을 말해준다

사역하면서 '성공하는 일이 있는 것이 아니라 성공하는 태도가 있을 뿐'이라는 말을 자주 생각한다. 한 분야에서 성공을 거둔 사람들은 다른 분야에서도 쉽게 성공하고, 무슨 일을 해도 잘 성공한다. 그런데 반대로 안 되는 사람들은 뭘 해도 잘 안된다.

왜 그렇게 될까 궁금해 자주 생각해봤는데 그 이유는 태도 때문인 것 같다. 리더십 전문가인 존 맥스웰(John Maxwell) 박사는 "태도는 나의 과거를 보여주는 사서(도서관), 나의 현재를 말해주는 대변인, 나의 미래를 말해주는 예언자"라고 말했다. 결국 태도가 우리의 오늘과 내일을 말해준다는 것이다.

처음 지구촌교회에 갈 때 내 자리는 주일학교 교사였다. 그것도 친구가 전도사로 있는 부서였고, 처음 맡겨진 사역은 주일학교 분반 교사와 찬양 인도였다.

지금도 생각하면 아이들에게 미안한 부분인데 나는 찬양의 은사가 없고, 찬양 인도에는 더욱 은사가 없다. 하지만 순종이 제사보다 낫다는 말씀에 순종해서 찬양 인도를 했다.

찬양하면 아이들보다 교사들이 은혜를 더 많이 받았다. 땀을 비 오듯 흘리며 찬양하는 내 모습 때문이다. 너무도 부족한데 열정으로만 한 것이다.

교회 여름성경학교 시즌이 되었다. 당시 지구촌교회의 규모가 컸기 때문에 다음세대 규모도 제법 컸다. 다른 파트는 다 담당자가 정해졌는데, 방송 파트는 정해지지 않았다. 회의 중, 가장 젊은 내가 그 일을 해야 한다고 의견이 모였다. 참 당황스러운 결정이었지만, 이때도 순종에 대한 마음을 주셨다.

나는 찬양도 그렇지만 방송은 더욱 문외한이다. 어떻게 해야 하나 고민하다 방송실을 찾아가 방송실 집사님에게 성경학교의 방송을 준비해야 하니 방법을 좀 알려달라고 했다. 하지만 집사님의 설명을 들어도 도대체 무슨 말인지 이해가 되지 않았다. 어떻게 해야 하나 더 고민이 되었다.

일단 밖으로 나왔다. 약국에 가서 박카스를 몇 병 사고 다시 집사님을 찾아가 "집사님, 저 꼭 배워야 합니다. 한 번만 더 알려주세요" 하고는 들고 간 녹음기를 켰다. 내 눈빛을 보고 집사님도 자세히 설명해주셨다.

성공하는 일이 아니라 성공하는 태도다

그날 들은 내용이 30분 정도 된다. 집사님에게 제가 책임질 테니 방송실을 하루만 빌려 달라고 했다. 집사님은 주일학교 교사가 뭘 책임을 지느냐 싶은 옅은 웃음을 보이셨지만, 내 결연한 의지 때문인지 결국 승낙해주셨다. 그렇게 그날 밤을 거의 새우며 똑같은 것을 수십 번 연습하고 또 연습했다.

드디어 성경학교가 시작되었고 오프닝부터 방송의 역할이 시작되었다. 정확한 타이밍에 영상이 나가고 방송 음향이 송출되어야 했는데 참 감사하게도 한 건의 사고도 없이 방송 사역이 잘 진행되었다. 그때는 꿈에도 몰랐다. 이것이 내 인생의 방향을 바꾸게 될 줄은.

연말이 되었다. 지구촌교회가 가파르게 성장하고 있던 시기여서 사역자 모집이 많을 때였다. 주일학교도 교육전도사를 모집하고 있었는데, 교회에서 주일학교 전도사로 섬겨줄 수 있냐고 연락이 왔다. 나는 전혀 영문을 몰랐다. 다른 대단한 분들이 많은데 왜 내게 연락하셨는지 궁금했다.

몇 가지 이유가 있지만, 특히 여름성경학교 때의 일로 교사들이 추천했다고 들었다. 한 번도 해보지 않은 사역을 최선을 다해 준비하고 해내는 모습을 보고, 주일학교 아이들을 맡기면 좋겠다는 추천이 있었다는 것이다. 지금 돌아보면 그 시간이 참으로 감사하며 그저 기적 같은 주님의 일하심이라고밖에 표현할 수 없다.

성공하는 일이 따로 있는 것이 아니다. 단지 성공하는 태도가 있을 뿐이다. 나는 지금도 후배들에게 어떤 교회, 어떤 자리가 중요한 것이 아니고 어떤 자리에서 어떻게 일하느냐가 중요하다고 말한다. 태도는 중요하다. 아니, 모든 것이다. 결국 지금의 태도가 자신의 미래를 말해주는 것이다.

요셉이 그의 주인에게 은혜를 입어 섬기매 그가 요셉을 가정 총무로 삼고 자기의 소유를 다 그의 손에 위탁하니 그가 요셉에게 자기의 집과 그의 모든 소유물을 주관하게 한 때부터 여호와께서 요셉을 위하여 그 애굽 사람의 집에 복을 내리시므로 여호와의 복이 그의 집과 밭에 있는 모든 소유에 미친지라 주인이 그의 소유를 다 요셉의 손에 위탁하고 자기가 먹는 음식 외에는 간섭하지 아니하였더라 … 창 39:4-6

심플 마인드를
갖춰라

단순함이 능력이다

예전에 운전면허 시험을 준비할 때 운전학원 강사님이 해준 이야기를 듣고 큰 깨달음을 얻은 적이 있다. 강사님에 따르면, 면허 실기시험에 잘 떨어지는 부류가 있다고 한다. 집에서 아버지 몰래 차를 한 번이라도 몰아본 대학생들이 유독 잘 떨어진다는 것이다.

지금은 어떤지 모르지만, 내가 시험을 보던 시절에는 운전면허 시험에 공식이 있었다. 그런데 강사님이 보니, 집에서 한 번이라도 차를 몰아본 학생들은 강사가 가르쳐주는 방식을 따르지 않고 자기 생각대로 차를 몰다가 여지없이 탈락하더라는 것이다.

별것 아닌 것 같고 답답해 보일 수 있어도 강사가 말한 그대로 하는 것이 합격의 능력이 된다. 그 이야기를 들으며 단순함이 실력이라는 것을 깨닫게 되었다.

내가 대학부 사역을 맡은 초기의 일이다. 대학부는 여러 대학의 학생들로 구성되어 있었고 대학별로 각각의 공동체를 이루어 각 그룹을 캠퍼스라고 불렀다.

내가 담당한 캠퍼스 사역에는 수도권 중심 대학들로 이루어진 그룹과 지방대학들로 이루어진 그룹이 함께하고 있었다. 다 그런 것은 아니었지만, 수도권 대학의 학생들은 공부도 잘하는데 사역도 참 잘해서 부럽다는 생각이 들기도 했다.

하루는 캠퍼스 리더들에게 숙제를 내주었다. 다음 주 바이블 스터디를 인도해야 하니 주중에 본문을 50번씩 꼭 읽고 오라는 숙제였는데 다음 주에 숙제 점검을 하다가 특이한 점을 발견했다.

수도권 대학 그룹에 있는 학생들은 대다수가 다 읽고 왔는데 이상하게 지방대 그룹에서는 대부분이 한 번 읽고 왔고, 많이 읽으면 3번이었다. 그래서 왜 한 번만 읽었냐고 물으니 한 번 읽어도 다 알겠더라는 것이다.

이후에 구성원 배가가 이루어지는데 수도권 대학 그룹에서는 지방대 그룹에 비해 2-3배의 배가가 나왔다. 그래서 한 제자를 불렀다.

"너희는 공부도 잘하고 이렇게 사역까지 잘하면 반칙이다.

비결이 뭐냐?"

웃으면서 물었다. 이 제자도 참 겸손한 친구인데 겸연쩍어하면서 이렇게 말했다.

"전도사님, 저는 사역은 전혀 몰라요. 하지만 공부할 때 앞에 있는 선생님이 이야기하시면 마치 하나님이 말씀하신 것처럼 듣고 그대로 하려고 노력해요."

망치로 한 방을 맞은 느낌이었다. 단순함이 능력이었다.

주님, 더 단순한 사람이 되게 하옵소서

학창 시절, 수학할 때 영어를 하고 영어 할 때 수학을 공부하는 학생이 있다. 이런 사람은 공부를 못한다. 어떤 학생은 공부해야 할 때 자꾸 아르바이트며 일을 하려 하고, 반대로 일해야 할 때는 공부한다고 학교에 가고 유학 간다.

그렇게 몇 번만 왔다갔다하면 인생은 끝난다. 인생의 가장 중요한 타이밍이 지나가는 것이다. 인생은 타이밍이라 때를 놓치면 다시 돌아오지 않는다. 집중력과 단순함이 능력이다.

단순함이 어떤 실력보다 중요한 능력이라는 것을 그때 배웠다. 그래서 이후로는 단순해지려고 많이 노력하고 있다. 어떤 일에도 너무 머리 굴리지 않고, 너무 많은 것을 생각하려고 하지 않는다. 돌이켜 보면 그 제자의 한마디가 내 인생에 큰 변곡점이 되었다.

사역하면서 신앙생활하기 정말 어려운 부류의 사람들을 보았다. 신앙이 조금 있는데 머리가 조금 좋은 사람이다. 머리가 아주 좋은 사람은 그냥 주님 앞에 순종하는데 머리가 조금 좋은 사람은 늘 소위 '통밥'을 잰다.

믿음이 있어서 수련회도 참석하고 부흥회도 참석하지만, 말씀을 들으면 항상 잔머리가 돌아가기 시작하고 자기 생각, 자기 방법으로만 순종하려고 한다. 그래서 신앙생활은 오래 했어도 늘 영적으로 제자리다. 머리가 없어서가 아니고 오히려 똑똑해서 그렇다.

우리는 너무 똑똑해서 신앙이 잘 자라지 않는 것 같다. 신앙뿐 아니라 인생도 그렇다. 주님이 말씀을 주셔도 늘 자기 판단과 생각으로 난도질한다. 그래서 결국 자신의 똑똑함으로 했지만, 그 똑똑함이 인생의 패착이 된다.

"주님, 올해도 제가 좀 더 단순한 사람이 되게 하옵소서."

지금도 새해가 되면 주님께 자주 이 기도를 하고, 후배 사역자나 동역자들에게 이런 것을 강조한다.

"하나님 앞에서 너무 똑똑해지려고 하지 마라."

"지금의 시기에는 단순함이 능력이고 실력이다."

"이른 시기부터 스킬을 배우려고 하지 말고, 오히려 좋은 태도와 좋은 습관을 가지려고 노력해라."

"너무 일찍 뜨려고 생각하지 마라. 때는 반드시 온다. 그리고 준비된 사람만이 그때를 누릴 수 있다."

하나님은 이 시대에 하나님의 사람들을 찾고 계신다고 믿는다. 그 사람은 마음의 단순함을 가진 사람, 성실한 사람임을 나는 한순간도 잊은 적이 없다.

하나님의 어리석음이 사람보다 지혜롭고 하나님의 약하심이 사람보다 강하니라 고전 1:25

다윗의 시간을
준비하라

인생에 골리앗의 시간은 반드시 온다

신학을 하면서 시간과 관련하여 귀하게 배운 헬라어 단어가 있다. '카이로스'와 '크로노스'라는 단어다.

크로노스는 1년 12개월, 하루 24시간, 한 달 31일 등 우리가 생각하는 일반적인 시간을 말한다. 이 일반적으로 흘러가는 시간 안에 하나님의 일하심, 하나님의 역사하심이 있을 때, 그때를 카이로스의 시간이라고 한다. 나는 주님께 자주 기도한다. 오늘 이 순간이 하나님의 카이로스의 시간이 되기를.

지난 개척의 7년을 돌아보며 그 모든 시간이 하나님이 역사하심이 담긴 카이로스의 시간이었음을 깨닫게 된다. 그냥 두었으면 의미 없이 흘러간 7년일 수 있었지만, 하나님이 함께하시고 역사하셨기에 주님의 일하심을 볼 수 있는 시간이었다.

코로나 시기를 지나는 동안, 고성준 목사님이 쓰신 《카이로스 2》라는 책을 참 의미 있게 읽었다. 거기서 저자는 '골리앗의 시간'과 '다윗의 시간'을 이야기한다.

"매일의 일상을 '다윗의 시간'으로 만들라. 매일의 일상을 성령이 역사하시는 '특별한 순간'으로 만들라. 그것이 믿음이고 영성이다. 일상을 구속(redeem)하라. 당신의 일상이 진부함을 벗어나 신선함이 될 때, 당신의 일상의 시간이 다윗의 시간이 될 때, 골리앗을 대면하게 되는 그날, '골리앗의 시간'에 다윗의 시간의 진가를 보게 될 것이다. 당신이 던진 매일의 물맷돌이 골리앗을 쓰러뜨릴 테니까. 다윗의 시간을 살아가는 사람에게 골리앗의 시간은 위기가 아니다. 그 시간은 놀라운 카이로스의 순간이다."

_고성준, 《카이로스 2》(규장, 2021), p.218-219.

우리는 인생의 어느 순간, 세상의 골리앗과 싸워야 하는 때를 마주하게 된다. 그 싸움에서 승리하려면 반드시 지금 이 평범한 다윗의 시간을 충실히 살아가야 한다. 매일의 일상을 다윗의 시간으로 준비한 사람만이 골리앗의 시간에서 승리할 수 있다.

기름부으심을 사모하는 인생은 골리앗의 시간을 위해서 다윗의 시간을 준비하고 있어야 한다. 매일의 평범한 '다윗의 시간'들이 모여서 거인 골리앗과 마주한 시간, 이것이 바로 하나님의 역사를 이루는 '카이로스'의 시간이 될 것이다.

가난한 신학생 시절에도, 특별한 사역지가 없었던 무명의 전도사 시절에도 나는 언젠가 인생에서 골리앗과 맞서야 할 시간이 반드시 찾아올 것이라 믿었다. 그 확신은 지금 사역하는 이 순간에도 변함이 없다.

그러므로 매일의 일상을 그냥 흘러가는 크로노스가 아니라 다윗의 시간으로, 성령께서 역사하시는 특별한 순간으로 만드는 것이 중요하다고 생각했다. 일상의 다윗의 시간이 결국 골리앗의 시간을 이겨낼 것이고, 인생의 골리앗을 대면하는 그날에 '다윗의 시간'의 진가를 보게 될 것이기 때문이다.

늘 생각한다. 다윗의 시간을 살아가는 사람에게 골리앗의 시간은 절대 위기가 아니며 오히려 하나님이 역사하시는 놀라운 카이로스라고.

물맷돌은 전력투구한 삶의 부산물

언젠가 이찬수 목사님은 설교에서 "물맷돌은 다윗이 전력투구한 삶에서 얻어진 부산물"이라고 말씀하셨다. 다윗은 처음부터 골리앗과 싸우려고 물맷돌을 준비한 게 아니다.

아버지가 맡긴 양을 지키기 위해서 최선을 다하다 보니 만들어진 것이 물맷돌이었다. 비록 양을 지키다가 죽어도 좋다고 생각하며, 그 일에 최선을 다했을 때 만들어진 삶의 부산물이었던 것이다.

지구촌교회에서 20년을 사역하면서 수많은 목회자를 직간접적으로 보았다. 그 가운데에는 생각지도 못하게 시야에서 쉽게 사라지는 목회자도 많았다. 능력도 뛰어나고 달란트도 많은데 그 생명력이 오래가지 못했다.

'왜일까?'라는 질문을 자주 하게 되었는데, 섣부른 판단인지 모르지만, 자신만의 물맷돌이 없었기 때문이 아니었을까 한다. 우리 인생에 골리앗의 시간은 반드시 오고, 다윗의 시간을 잘 보낸 사람만이 그 시간에 승리하게 될 것이다.

고성준 목사님의 《카이로스 2》에 이런 글도 있다.

"올림픽에 출전하는 선수들은 아무도 알아주지 않아도 매일 매일 땀을 흘리며 눈물의 시간을 보낸다. 매일 같은 시간에 일어나 같은 시간에 밥을 먹고, 같은 무게의 역기를 들어 올린다. 하지만 그런다고 아무도 박수쳐주지 않는다. 그런데 왜 그런 시간을 보내고 있을까? 특별한 순간이 다가오기 때문이다. 많은 사람들 앞에서 내가 보낸 '다윗의 시간들'이 어떤 것이었는지를 보여주고 증명하는 순간! 전 세계에서 모인 수많은 '골리앗들'과 겨루어 이기는 시간이 다가온다."

_고성준, 같은 책, p.8.

사역하면서 최근 내가 참 사랑하게 된 말이 하나 있다. 낭중지추(囊中之錐)라는 사자성어로, '주머니 속의 송곳'이라는 뜻이다. 주머니 속에 들어있는 송곳은 굳이 드러내려 하지 않아도 자연스럽게 그 주머니를 뚫고 나오게 되어 있다.

조급해하지 말고 시간을 기다려야 한다. 준비된 사람에게 반드시 기회는 온다. 하나님이 기회를 주셨을 그때 한 방에 딱 맞힐 수 있는 정확성을 연습해야 한다.

또 그의 종 다윗을 택하시되 양의 우리에서 취하시며 젖 양을 지키는 중에서 그들을 이끌어내사 그의 백성인 야곱, 그의 소유인 이스라엘을 기르게 하셨더니 이에 그가 그들을 자기 마음의 완전함으로 기르고 그의 손의 능숙함으로 그들을 지도하였도다 시 78:70-72

인생을 해석하는
눈을 가져라

인생은 사실보다 해석

인생에서 당면한 사실보다 중요한 것은 그것을 해석해내는 눈이다. 창세기에서 요셉은 수많은 고난을 겪었지만, 하나님과 함께하는 승리의 삶을 살았다. 요셉이 요셉 될 수 있었던 이유는 인생을 해석해내는 남다른 시야를 가졌기 때문이다.

요셉은 자신을 애굽으로 보내신 분은 형들이 아니라 하나님이라고 고백한다(창 45:8). 그는 자기 인생을 하나님의 섭리적 관점에서 이해했다. 결국, 고난을 해석해내는 이 믿음이 요셉의 영적 실력이 되었다. 요셉을 하나님의 사람으로 만든 힘은 자기의 고난을 믿음으로 해석해내는 눈에 있었다.

지구촌교회에서 사역할 때 교회의 배려로 담임목사님과 함께 미국 교회를 탐방하게 되었다. 교육 때문에 몇 번 미국에 간 적은 있지만, 이번에는 담임목사님과 동행하는 시간이라 더욱 기대가 되는 한편 긴장도 되었다.

그때 생각지 못한 문제가 발생했다. 밤에 잠을 잘 수가 없었던 것이다. 평소 머리만 대면 자는 사람이었던지라 이게 대체 무슨 일인가 싶었다. 처음에는 시차 때문이겠거니 했는데 하루 이틀이 지나도 전혀 나아질 기미가 보이지 않았다.

그렇게 원인 모를 불면증으로 10여 일의 미국 일정을 내내 힘들게 보내고 한국으로 돌아왔는데, 귀국해서도 이 문제가 지속되었다. 병원도 다니고 수면 치료도 받아 보았지만 차도가 없었다. 몸은 점점 쇠약해졌고, 사역을 계속 진행하기가 어려워 위기가 찾아왔다.

너희를 향한 나의 생각을 내가 아나니

결국 어느 주일 오후, 사임을 각오하고 담임목사님을 찾아가 안식월을 청했다. 5월 경이라 이미 학기가 시작된 때인데 감사하게도 목사님은 바로 그 자리에서 안식월을 주셨다.

한 달 정도만 쉬면 될 줄 알았는데 차도가 없었다. 정말 면목이 없었지만, 담임목사님에게 한 달 더 안식월을 요청드렸다. 그때도 목사님이 한 번 더 시간을 주셨다. 난 그때까지 문제의 원인이 무엇인지 잘 몰랐다. 어느 날 아내가 내게 말했다.

"난 자기가 아프면 가장 먼저 기도할 줄 알았어요. 그런데 병원만 찾아다니고…. 주님께 먼저 여쭤봐요."

그게 주님의 음성으로 들렸다. 너무 부끄러웠다. 설교할 때는 "주님께 맡겨라", "주님께 기도하라" 해놓고서 정작 나에게 문제가 생기니까 병원 찾고 의사 먼저 찾는 모습이 내 신앙의 현주소였다. 목회자로서 나는 너무 엉터리였다.

그때부터 주님 앞에 기도하기 시작했다. 그 이전에도 기도하지 않았던 것은 아니지만 인생을 걸고 기도한 것은 그때가 처음인 것 같다. 그때 내 인생을 향한 주님의 말씀이 들렸다.

여호와의 말씀이니라 너희를 향한 나의 생각을 내가 아나니 평안이요 재앙이 아니니라 너희에게 미래와 희망을 주는 것이니라
렘 29:11

이 말씀을 붙들고 정말 많이 울었다. 우선 나의 믿음 없는 모습이 너무 불쌍해 보였다. 그리고 그 주님의 말씀이 너무 고맙고 감사했다.

그렇게 기도를 시작한 지 한 달이 거의 다 되어가던 무렵, 환상에 가까운 꿈을 꾸게 되었다. 내가 큰 끈을 꽉 붙들고 있는데, 어떻게 그렇게 큰 가위가 있는지 모를 정도로 큰 가위가 나

와서 그 끈을 싹둑 잘라버렸다. 순간 '안 돼!' 하다가 잠에서 깨었다. 나는 그 끈이 무엇인지 알 수 있었다. 이 꿈이 무엇을 의미하는지 즉시 깨닫고 나는 무릎을 꿇었다.

사실, 벌써 몇 년 전부터 이 울림을 알고 있었다. 주님께서 떠나라는 마음을 주셨는데 주저하며 자꾸만 미루고 있었다. '좀 더 쉬운 길, 좀 더 편한 길이 없을까', '어디서 좋은 소식이 오지 않을까', 세상적인 마음으로 기대하고 있었다.

그러나 이 꿈이 주님의 음성과 신호임을 깨닫고 주님 앞에 엎드려 울었다. 이렇게 한없이 약해진 모습으로 내가 무엇을 할 수 있을까 걱정이 되었다. 그래서 주님 앞에서 새롭게 기도를 시작했다.

내가 좀 더 강한 사람이 되게 해달라고, 좀 더 강하고 좀 더 힘 있고 좀 더 능력 있는 목사가 되게 해달라고 기도했다. 그런데 주님은 그렇게 응답하지 않으셨다. 기도 가운데 전혀 뜻밖의 응답으로 말씀해주셨다.

"박 목사, 나는 앞으로도 너를 강하게 하지 않는다. 대신 내가 너의 강함이 되겠다."

어려울수록
기본기에 집중하라

목사님, 기본만 잘해주세요

개척을 준비하며 상가를 매입하려고 돌아볼 때 분양사 사무실의 한 과장님을 만났다. 이분은 전혀 교회를 가지 않는 분이었는데 상가계약을 위해서 여러 번 만나면서 점점 친해져 가정사 이야기도 듣고 왜 이런 일을 하게 되었는지도 알게 되었다.

하루는 은행에 같이 갈 일이 있어서 몇 시간을 함께 있게 되었다. 그때 과장님에게 물었다.

"과장님, 아시는 것처럼 저는 이제 새롭게 개척하는 목사입니다. 과장님같이 교회 다니지 않으시는 분이 교회에 정말 원하시는 게 뭘까요?"

사뭇 진지하게 묻는 말에 이분이 별 망설임 없이 대답했는데 그 말에 망치로 한 방을 크게 맞은 것 같았다.

"목사님, 너무 잘하려고 애쓰지 말고 기본만 잘해주세요. 제발 기본만 잘해주세요."

'한국 교회의 현실이 여기구나' 싶고, 동시에 목회자인 내가 교회를 개척하면서 가장 중요하게 생각할 것이 무엇인지 인지하게 되었다. 나는 그날 정말 그 과장님을 통해서 성령님의 음성을 들었다. 지금의 한국 교회가 이렇게 많이 휘청이는 이유는 기본을 놓쳤기 때문이라고 생각한다.

지구촌교회에서 오랜 시간 사역한 이유로 종종 사역자 면접에 들어갈 경우가 있었다. 그런데 어느덧 까다로운 면접관으로 알려졌는데 그 이유가 의외였다. 어려운 것을 물어서가 아니라 너무 기본적인 것을 물어보기 때문이라고 했다.

사역자 면접에 들어오면 다들 복음으로 세상을 변화시킨다고 말한다. 실제 어떤 분은 복음으로 세상을 변화시키는 비전을 뜨겁게 이야기했다. 그러면 내가 꼭 다시 물어보는 것이 있다. "복음이 무엇인가?"라는 질문이다.

사실 이것은 너무 간단한 질문이지만 정확하게 복음을 이야기하는 사역자가 생각보다 많지 않다. 다들 "복음이 있어야 한다. 복음은 능력이다"라고 말하지만, 정작 그 복음에 대한 선명한 답을 하는 사람은 많지 않다. 특히 복음과 관련된 구절을 이야기하라고 하면 요한복음 3장 16절 이상을 이야기하지 못하는 사람이 대부분이다.

한번은 "말씀의 종으로 평생 살아가기를 원한다"라는 분이 있어서 성경을 얼마나 읽는지 물었다. 그런데 1년에 1독이 채 되지 않았다.

어떤 분은 자신을 '말씀의 종'이라고 너무 강조하셔서 모세오경이 기록된 분량(장)을 한번 이야기해달라고 했더니 창세기 50장을 겨우 말하고 출애굽기가 몇 장인지부터는 말문이 막혀버렸다. 물론 모세오경의 장을 다 알아야 하는 것은 결코 아니다. 하지만 실제 하는 말과 실제 행동은 다를 수 있다는 것이다.

또 어떤 분은 "매일 주님과 동행하며 말씀과 함께 살아가려고 한다"라고 이야기하길래 그러면 오늘 아침 QT한 본문이 어디인가 물었더니 유구무언이었다.

어떤 말이 더 필요할까? 기본이 중요하다. 기본기가 모든 것이다. 지금은 우리가 다시 기본으로 돌아가야 한다. 그 기본이 결국 나를 살릴 것이다.

기본을 잘하기 위한 노력

교회를 개척한 후 교회의 기본을 튼튼히 하기 위해서 몇 가지 사역을 시작했다.

먼저 재정의 투명한 흐름이다. 개척교회가 어려움을 겪는 데는 많은 이유가 있지만, 재정의 사용이 투명하지 않으면 그때 가장 큰 문제가 된다고 생각되었다.

그래서 교회 재정 사용 내역을 매월 교회 리더십들에게 공개하고, 그 사용처가 카드 내역에 남게 했다. 사역자들의 지출 내역도 투명하게 볼 수 있도록 했다. 덕분에 지금까지 재정적인 잡음이 단 한 건도 존재하지 않았다. 참 감사한 일이다.

또 하나는 수평적 교회 구조다. 최근 한국 사회에 갑질 논란이 자주 이슈가 되곤 했다. 담임목사가 어떤 특권층이 아니라 복음 안에서 함께 동역하는 동역자가 되려고 많이 노력했다.

우리 교회에서는 함께하는 동역자들에게 많은 사역을 위임했고, 주일예배 설교를 제외한 대부분의 설교 역시 담임목사를 포함해서 설교자 순번을 정해 함께 동역한다. 때로는 담임목사 앞에서 설교하는 것이 조금 힘들 수 있겠지만, 그때 동역자들이 가장 많이 성장하는 것을 보게 된다.

평신도 사역에서도 수평적 문화를 지향한다. 한번은 교회 식당에서 줄을 서서 밥 차례를 기다리는데 누군가 밥을 떠서 내게 가져다주려고 하셨다. 그래서 우리 교회는 담임목사도 줄 서서 먹어야 한다고 하자 조금은 놀라시는 모습이었다. 단적인 예지만, 가능하면 교회 문화가 수평적이어야 한다고 생각한다.

마지막으로는 이웃과의 소통이다. 우리 교회는 개척 때부터 7년 동안 상가에 들어가 있으면서 이웃 상가에 좋은 영향력을 미치려고 노력했다. 간혹 상가에 교회가 들어오면 싫어하는 사람도 있어서, 그런 일이 없도록 상가의 이웃들과 꾸준히 소통하며 노력했다. 그 덕분에 이후에는 상가에 있던 이웃들과 좋은 관계를 맺으며 지낼 수 있었다.

교회 옆에 병원이 있었는데, 코로나 시기에 교회가 감염 확산의 요인으로 자주 지목되다 보니 병원 측에서도 우리 교회로 인해 걱정이 많았다. 그래서 병원을 찾아가 안심시키고, 누구보다 우리 교회가 먼저 방역수칙을 잘 지키며 성실하게 병원과 협력하겠다고 이야기하였다.

자영업 하시는 분 가운데 주일에 매장을 여시는 분들이 있어서, 그분들을 위해서 교인들이 지하상가 주차장에 주차하지 못하도록 선배려했다. 교회도 주차가 어렵기는 했지만 함께 가는 길이기에 양보해야 한다면 우리가 먼저 양보해야 한다고 생각했다.

이런 우리의 마음들을 아시는지 그 7년 동안 단 한 번의 민원 제기도 없었다. 특히 수요낮예배 같은 경우 드럼 등 음향 소리가 크게 났을 법한데 많이 참아주시고 인내해주셨다. 참 너무도 고마운 부분이다.

이러한 이웃과의 소통 덕분인지 교회가 이전해 올 때 상가에 있는 입주민들이 가장 많이 아쉬워하셨다. 돌아보면 좋은 이웃과 함께할 수 있었던 것이 그저 감사할 따름이다.

다시 구구단을 외우자

"구구단도 잘 모르면서 미적분 풀려고 하지 마라."

종종 선배 목사님들에게 듣는 이야기다. 목회자들의 문제는 간단한 구구단도 못 외면서 미적분을 풀려고 하듯이 말씀의 기본, 예배의 기본, 목회의 기본도 잘 모르면서 사역의 스킬만 배우려고 한다는 것이다.

지금의 한국 교회는 다른 것이 아니라 이 기본기가 많이 무너져 있는 것 같다. 실상 우리는 모두 구구단도 잘 못 외면서 미분, 적분을 풀려고 하는 듯하다. 골프 선수가 슬럼프에 빠지면 골프채 잡는 법부터 다시 연습한다고 한다. 어려울수록 기본기가 중요하고, 힘들수록 기본으로 돌아가야 한다.

지금 한국 교회가 다시 살길은 기본으로 돌아가는 것이라고 생각한다. 말씀과 기도, 예배의 기본으로 돌아가야 한다. 사실 너무도 쉬운 명령인데, 우리 목회자들을 보면 너무 쉬워서 어려워하는 것 같다. 말씀과 기도는 너무 쉬운 기본인데 이 기본이 어려운 것 같다.

교회를 개척하면서도 나는 지구촌교회에서 배운 대로 하려고 노력했다. 모방은 '제2의 창조'라는 말이 있다. 뭔가를 새롭게 시작할 때 좋은 본을 잘 보고 따라 해보는 것은 중요하다고 생각한다. 좋은 것을 따라 하다 보면 그 안에 있는 핵심들을 파악할 수 있고, 그것이 몸에 배어 익숙해지면 결국 내 것이 되며, 그 모방의 단계를 지나면 그 안에서 새로운 재창조가 일어나기도 하기 때문이다.

내가 모교회에서 배운 그대로 하는 것은 일견 답습처럼 보일 수도 있지만 그것은 단순한 반복이 아니라 좋은 전통과 원리를 체득하면서 기본기를 다지기 위한 과정이었다. 그리고 그 토대가 단단해진 후에는 점차 새로운 것들을 더해갈 수 있으리라 기대했다.

처음 지구촌에서 배운 것을 그대로 하려고 노력한 것이 당시는 조금 미련해 보였을지 모르지만 지금 생각하면 참 감사한 부분이다. 덕분에 세월이 지난 지금에도 지구촌교회의 스피릿을 잘 유지할 수 있었기 때문이다.

나는 요즘 운동을 배우고 있다. 운동을 시작한 지는 오래되었지만 제대로 수강료를 내고 배운 것은 최근의 일이다. 그런데 매일 체육관에 가면 무슨 일이 있어도 줄넘기와 달리기부터 한다. 체력이라는 기본기가 가장 중요하기 때문이다.

아무리 유능한 프로 선수도 매일 아침 일어나면 기본기부터 한다. 야구 선수도 축구 선수도 기본기인 달리기 체력훈련으로 하루를 시작한다. 기본기가 능력이다. 기본이 생명이다.

이 땅의 모든 성도가 미적분을 풀려고 하기 전에 구구단을 먼저 외우는 사람이 되길 바란다. 그래서 기본기가 튼튼한 성도가 되길 기도한다. 이 기본기가 튼튼해야 다른 일도 잘 감당할 수 있다.

ANOINTING

3

기름부으심의
인생은

어떤 자가 되어야
하는가?

인생에서
진짜가 되라

인생에서 나의 하나님을 만나라

출애굽기에는 모세의 소명에 관한 이야기가 등장한다. 그는 불타는 가시 떨기나무 앞에서 출애굽의 소명을 받지만, 여기에 바로 응답하지 못하며 주저한다. 겉으로 보기에는 모세의 겸손함도 있지만 이면에는 또 다른 모습이 있다.

모세가 하나님께 아뢰되 내가 이스라엘 자손에게 가서 이르기를 너희의 조상의 하나님이 나를 너희에게 보내셨다 하면 그들이 내게 묻기를 그의 이름이 무엇이냐 하리니 내가 무엇이라고 그들에게 말하리이까 출 3:13

모세가 정말 하나님을 몰랐을까? 그렇지는 않다. 요게벳을 통해 하나님에 대해서 수없이 들었을 것이기 때문이다. 문제는 그에게 자기가 만난 하나님이 없었다는 것이다. 아브라함과 이삭, 야곱의 하나님은 있었지만 정작 자기가 만난 '나의 하나님'이 없었다.

인생은 진짜를 만나야 진짜를 내어놓는다. 사람들이 새로운 도전 앞에 왜 주저할까? 나는 진짜를 만나지 못해서 그렇다고 생각한다. 상황의 어려움도 있지만 결국 자기가 만난 하나님이 없는 것이다. 내가 만난 하나님이 분명하면 어떤 장애물에도 덤빌 수 있다. 다윗은 그래서 골리앗 앞에서도 덤벼들 수 있었다.

> 다윗이 블레셋 사람에게 이르되 너는 칼과 창과 단창으로 내게 나아 오거니와 나는 만군의 여호와의 이름 곧 네가 모욕하는 이스라엘 군대의 하나님의 이름으로 네게 나아가노라 **삼상 17:45**

상황이 어려워서 못하는 것이 아니다. 환경이 힘들어서 못 가는 것이 아니다. 결국 내가 만난 하나님이 분명하지 못하기 때문이다. 내가 만난 하나님이 분명하면 어떤 난관, 어떤 상황도 뚫고 나갈 수 있다. 내가 만난 하나님이 나와 함께하실 것을 믿기 때문이다.

진짜가 되고 싶어요

예전에 만난 한 집사님은 그의 나이 서른둘에 어머니가 돌아가셔서 극심한 우울증을 경험했지만, 인생의 다메섹 도상에서 예수님을 만났다고 했다. 이후 좋은 멘토를 만나면서 귀한 일에 뛰어들게 되었고, 15년 만에 그 분야에서 놀라운 탑 리더로 성장했다.

내가 그 집사님을 통해서 배우는 것은 순전함과 열정, 그리고 섬김이다. 그 분은 자기 것을 챙기기보다 늘 나눔과 섬김을 더 많이 하고 그것을 즐거워했다.

한번은 그 집사님이 경남 사천에 내려간다고 했다. 경남 사천은 동탄에서 쉬지 않고 가도 4시간은 족히 걸리는 곳인데 거기서 만날 사람이 한 분이라는 사실에 놀랐다.

거리를 생각하면 굳이 가지 않아도 되는 상황이고 그 집사님 정도의 위치면 굳이 자기가 하지 않고 다른 사람에게 부탁해도 되었을 것이다. 그런데 그 한 사람을 만나기 위해서 사천으로 향했다.

한번은 집사님의 부탁으로 그 직장 내 모임에 가서 설교한 적이 있다. 내가 볼 때는 교회보다 더 교회 같은 모임이었다. 집사님이 무슨 이야기를 할 때 일에 관한 이야기는 거의 없다. 오직 예수님 이야기뿐이다.

그래서 하루는 목사인 내가 "집사님, 예수님 이야기만 너무 하지 말고 일 얘기 좀 하세요. 너무 예수님 이야기만 하시는 것 아니에요?"라고 했더니 집사님은 그저 웃고는 자기는 예수님 이야기를 할 때, 복음을 전할 때 너무 행복하다고 했다.

"집사님은 소원이 무엇이에요?"

"목사님, 진짜가 되고 싶어요!"

나는 그 한마디에 입을 닫았다. 하나님께서 그 분을 쓰시는 이유를 그날 거기서 발견하게 되었다.

이 시대는 진짜를 원한다. 사업이든 음악이든, 그 분야에 진짜인 사람을 원한다. 진짜가 되고 싶다는 집사님의 말에 많이 부끄러우면서도 정말 큰 도전을 받고 그날, 주님께 기도했다.

"주님, 저는 진짜 목사가 되고 싶습니다. 모조품 짝퉁 목사가 아니라 진짜 목사, 진짜 목회자다운 목회자가 되고 싶습니다!"

진짜가 되기 위한 몸부림으로 살라

언젠가 이재철 목사님이 《인간의 일생》이라는 책에서 '프로 크리스천'에 관해 이야기하신 적이 있다. '프로 크리스천'이란 세상과 타협하지 않고 본질을 붙들며 살아가는 사람을 뜻한다. 나는 이 부분을 읽고, 진짜가 되기 위한 몸부림이 무엇인지 깊이 생각해보게 되었다.

내가 생각하는 진정한 그리스도인은 결코 완벽한 사람이 아니다. 그러나 그는 주님을 닮아가기 위해 끊임없이 몸부림치는 사람이다. 비록 부족해도 어제보다 오늘, 오늘보다 내일 더욱 성숙해지기를 소망하며 나아가는 사람이다.

나 또한 여전히 공사 중인 사람이다. 바울이 고백한 것처럼, 나는 이미 이룬 것이 아니며 뒤에 있는 것은 잊어버리고 앞에 있는 것을 잡으려고 나아간다. 사역자의 길을 걸으면서도 나의 목표는 거창하지 않았다. 단지 작년보다 올해, 어제보다 오늘 조금 더 나은 모습으로 성숙해가는 것이 목표였다.

그런 몸부림의 가장 큰 흔적이 '영성일기'(예수동행일기)다. 개척 후 7년 동안 영성일기를 써왔고, 본격적으로 쓰기 시작한 것은 5년 전부터였다. 나 스스로 놀란 것은 초등학교 때를 제외하고는 일기를 써본 적이 거의 없는데 최근 5년 동안은 거의 하루도 빠지지 않고 영성일기를 썼다는 점이다. '6개월만 잘 써보자'라는 단순한 마음으로 시작한 영성일기가 결국 나를 변화시킬 줄은 꿈에도 몰랐다.

이렇게 영성일기를 쓰게 된 계기는 어느 날인가 문득 내 실상을 깨달았기 때문이다. 말로는 주님을 사랑한다고 고백하면서도, 실제로는 주님보다 휴대폰을 더 많이 묵상하고 있었다. 말씀을 읽고 묵상하며 기도하는 시간보다, 휴대폰을 바라보는 시간이 더 많았다.

그뿐만이 아니었다. 개척한 교회에 감사하게도 성도들이 조금씩 늘어나고 있었다. 그런데 어느 날, 문득 내 마음을 들여다보니 실상 나는 주님을 사랑하는 것보다 성도 숫자가 늘어나는 것에 더 기뻐하고 있었다.

입술로는 주님을 말하지만, 실상은 주님보다 핸드폰을 더 많이 묵상하고 성도의 숫자가 더 늘어나는 것을 주님보다 기뻐하고 있는 목사라는 것을 깨달은 순간, 머리를 벽에라도 박고 싶은 심정이었다. 좋은 일을 하다가 가장 좋은 주님을 놓치고 있었기 때문이다.

그 깨달음은 내게 충격이었고, 동시에 깊은 부끄러움으로 다가왔다. 그래서 아침에 일어날 때, 밥을 먹을 때, 사역을 하면서 사람들을 만날 때 등 언제든 주님을 바라보려고 노력하기로 결심했다.

솔직히 말하면, 그 과정에서 참 많이 실패했다. 그러나 감사하게도, 주님은 내가 실패한 자리에서도 다시 주님을 바라볼 힘을 주셨다. 그것이야말로 얼마나 큰 은혜인지 모른다.

덜 논리적으로, 더 사랑으로

하루는 이곳 동탄에서 멀리 떨어진 경남 창원에서 부고가 전해졌다. 이미 주중 일정이 빽빽하게 잡혀 있었고, 주일 설교를 앞두고 준비 중이어서 갈등이 되었다.

몸도 너무 피곤한 시기였고 교회 부목사님들도 계셨다. 게다가 거리가 거리인만큼 가지 않아도 충분한 이유가 된다고 생각했다. 마음 한편에서는 좀 더 효율적으로 사역하라는 유혹의 소리도 들렸다.

그러나 주님께서 그 일에 대한 마음을 주셨다. 어떻게 할까 고민하다 결국 순종하고 그 길을 다녀왔다. 몸은 너무 피곤하고 지쳤지만, 마음은 오히려 감사로 가득해졌다.

나는 후배들에게 종종 "덜 논리적이고 더 많이 사랑하라"라고 말한다. 사역을 너무 효율과 능률로만 따지려고 하는 사역자들이 있다. 사역에서 그 어떤 효율과 능률보다 중요한 것은 사랑과 긍휼이라고 생각한다.

나는 사역자들에게 삶의 기본기들을 자주 이야기한다. 사역을 논리적으로만 접근하거나 세상적으로 대단한 무엇인가를 추구하기보다 기본적인 것을 지키는 것이 더 중요하다고 생각하기 때문이다. 예컨대 이런 것들이다.

"사역자라는 이유로 성도님이 먼저 인사하게 하지 마라."

"성도님에게서 작은 것 하나라도 받으면 꼭 그 자리에서 기도해드려라."

"인생의 선배들 앞에서 함부로 뒷짐 지고 걷지 마라."

"성도님들에게 함부로 말놓거나 반말하지 마라."

"혹 아무리 시간이 남고 비록 건전한 오락이라 해도 교회 컴퓨터로 게임하지 마라."

"아무리 급해도 장애인 주차 공간에 절대 주차하지 마라."

"아무도 보지 않는 곳에서도 목회자로 살아라."

사역자들에게 종종 "사역자가 되기 전에 먼저 사람이 돼라"라고 강조한다. 목회자가 되기 전에 먼저 사람으로서 기본 도리를 지키라는 의미다.

삶의 기본기가 그 사람의 인격을 만들고, 그것이 곧 사역의 기본기가 된다. 사역자의 시작은 여기서부터 출발해야 한다고 생각한다. 이 시대의 성도들이 완벽한 목사를 원하는 것은 아니라고 생각한다. 대신 주님을 향한 몸부림이 있는 사람을 원한다고 생각한다.

말씀에 대한 몸부림, 기도에 대한 몸부림, 삶의 기본을 지키기 위한 몸부림. 그 작은 몸부림 하나가 한 영혼을 움직이고 결국 주님의 마음을 기쁘시게 한다고 믿는다. 나는 이 시대에 목회자뿐만 아니라 모든 그리스도인이 이런 진짜가 되기 위한 몸부림의 신앙을 멈추지 않기를 기도한다.

신앙은 배우는 것이 아니라 불붙는 삶이다

성령의 기름부으심이 있는 사람은 진짜인 사람이다. 그저 흉내만 내는 삶 위에 성령이 머물 자리는 없다. 진짜인 사람 위에 어노인팅의 축복이 있다. 정말 성령의 기름부으심을 사모하는가? 그러면 진짜가 되어야 한다.

교회를 개척하고 2년 반 만에 코로나의 위기가 왔다. 코로나 시기를 지나면서 두 가지에 놀랐다. 하나는 보이지 않는 코로나가 이렇게 무섭다는 점이다. 우리는 보이는 것들을 무서워하지만 보이지 않는 것이 오히려 더 깊이 우리의 삶을 흔들 수 있음을 깨달았다.

그리고 나를 포함한 한국 교회 목회자들의 모습에 또 한 번 놀랐다. 우리 한국 교회는 왜 이렇게 코로나를 두려워할까? 겉으로는 아닌 것 같지만 목회자들 안에 있는 두려움을 읽을 수 있었다.

'단순히 현장 예배를 드리지 못하기 때문일까? 분명 하나님이 이 코로나를 모르실 리 없고, 하나님의 섭리 안에 있을 터인데, 왜 이렇게 무서워하나?'

그러면서 내 믿음의 실상을 보게 되었다. 내가 많이 엉터리였다는 것을 깨달았다. 코로나가 본격적으로 시작될 무렵, 당시 코로나 확진자가 한 명이라도 발생하면 방역 당국은 성도들에 대해 전수 조사를 했다.

다들 노심초사하고 있던 가운데, 얼마 지나지 않아 우리 교회에서도 첫 확진자가 나왔다. 곧바로 방역 당국에서 연락이 왔고, 감염자에 대한 전수 조사가 시작되었다.

그때 마음에 밀려오는 두려움이 너무 컸다. '이러다가 교회가 문을 닫는 것은 아닐까?' 하는 염려가 나를 사로잡았다. 강단에서는 "믿음, 믿음" 이야기했지만, 정작 그 믿음이 내 실상이 되지 못함을 절감하면서, 다시 한번 믿음의 점검이 필요한 시기임을 깨닫게 되었다.

그때부터 본격적으로 시작한 것이 앞서 언급한 영성일기다. 지금 돌아보면 그때 영성일기를 통해 주님과 동행하려고 몸부림치지 않았다면 지금의 나는 없었을 거라고 생각된다.

영성일기의 축복은 조용하지만 우리 영혼을 불붙게 한다는 점이다. 영성일기는 그것을 쓰며 주님을 바라보고 그분과 동행하는 동안 주님의 함께하심이 분명해지면서 우리의 영혼을 더욱 뜨겁게 달군다.

목회자이자 열정적 순회 설교인인 토미 테니(Tommy Tenney)

가 이런 말을 했다.

"섬김은 배우는 것이 아니라 불붙는 것이다."

사랑, 은혜, 복음. 이것을 어떻게 배워서 알겠는가? 불붙어야 살아갈 수 있는 삶이다. 바울은 자신의 사명을 이야기하면서 '나의 달려갈 길'이라고 표현했다. 주님을 발견하고 복음의 은혜를 알게 되면 달려갈 수 있게 된다. 불붙어 살아갈 수 있게 된다.

나는 이 땅의 모든 그리스도인이 주님의 사랑과 은혜에 불붙는 인생을 살아가길 기도한다. 그래서 이 땅의 모든 성도의 삶이 주님의 살아계심을 믿고 평생 성령에 의해 불붙어 살아가는 인생이 되길 소망한다.

믿음이 없이는 하나님을 기쁘시게 하지 못하나니 하나님께 나아가는 자는 반드시 그가 계신 것과 또한 그가 자기를 찾는 자들에게 상 주시는 이심을 믿어야 할지니라 히 11:6

마음을 '다'하는
사람이 되라

하나님은 우리의 마음을 원하신다

하나님은 우리 인생의 모든 것을 마음대로 다하실 수 있다. 건강도 물질도 자녀도 마음대로 하실 수 있다. 그런데 이런 하나님이 마음대로 못 하시는 것이 딱 하나 있다. 바로 우리의 마음이다. 그래서 하나님은 우리의 마음을 받는 것을 참 좋아하신다. 과부의 두 렙돈이 주님께 기쁨이 된 것은 그녀의 마음이 거기 있었기 때문이다.

처음 주님께 부름을 받았을 때 내게는 주님께 드릴 것이 아무것도 없었다. 집도 많이 가난했지만, 무엇보다 아버지의 반대가 있었다. 아버지가 세상 모든 일을 다 할 수 있는데 '목사'는 안 된다고 하셨다. 아버지에게는 교회에 대한 아픔이 있으셨으나 어릴 적 이런 사연을 다 알 수 없었던 나는 결국 아버지에게 장문의 편지를 써놓고 집을 나갔다.

자식 이기는 부모는 없다고 했던가. 결국 내 아버지도 아들을 이기지 못하시고 마지못해 허락하셨다. 대신 학비와 생활비는 알아서 해결하라는 엄포와 함께.

비록 축복 속에 받아든 승낙은 아니었지만 내 안에는 주님의 일에 대한 기대감이 넘쳤다. 이런 내가 주님 앞에 어떻게 응답할 수 있을까 고민했다. 결국 두 가지를 드리겠다고 마음먹었다.

"주님, 저는 주님께 드릴 것이 아무것도 없습니다. 하지만 이두 가지는 분명히 드리겠습니다. 주님께 제 삶을 드리고, 또 하나는 제 마음을 드리겠습니다."

사역하면서 늘 이 두 가지를 생각한다. 하나는 '이 일에 진심이 있는가'다. 맡은 일이 크든 작든 상관없이, 내가 그 일에 마음을 다했는가를 가장 많이 생각하고 점검하곤 한다. 또 하나는 '내 삶은 내가 전하는 메시지와 일치하고 있는가'다. 메시지와 메신저의 삶은 일치해야 한다.

사역하면서, 전하는 메시지와 메신저가 분리되는 경우를 종종 보았다. 나는 메신저와 메시지가 분리된 사역자는 오래갈 수 없다고 생각한다. 더욱이 이런 메시지 위에는 절대 성령의 기름부으심이 나타날 수 없다고 생각한다.

한번은 코스타(KOSTA) 스태프로 섬기며 귀한 분들을 많이 만날 기회를 얻었다. 그 가운데 이름만 들어도 알 수 있는 유명한 목사님 한 분을 뵙게 되었다. 나는 평소 그 목사님의 말씀을 통해 큰 은혜를 받았기에, 직접 뵙는 것만으로도 기대가 되었다.

강단에서 하나님의 은혜와 겸손의 중요성을 강조하셨던 분이셔서 더욱 기대하며 인사를 드렸는데 뜻밖에도 그 목사님은 인사를 받아주지 않으셨다. 대부분의 강사님은 다들 인사를 잘 받아주셨는데 어째서인지 그 분은 인사를 받지 않으셨다.

처음에는 '혹시 나에게만 그런가?' 싶었지만, 다른 코스타 스태프들 누가 인사를 드려도 받아주지 않으셨다. 그런데 유명한 선배 목사님이 들어오시자 90도로 허리를 굽혀 인사하는 모습을 보이셨다.

그 순간, '강단에서 말씀하셨던 겸손은 무엇이었을까? 그 분의 메시지는 그저 허공을 맴도는 메아리였던 것일까?'라는 생각이 들며 씁쓸한 마음을 감출 수 없었다.

사역하면서 메시지와 메신저가 분리되는 것은 결코 작게 보아서는 안 될 문제라고 생각한다. 진정한 메시지는 진정성 있는 메신저의 삶에서 나오기 때문이다. 결국, 메신저 자체가 메시지다.

기도하지 않는 것보다 무서운 것

한번은 필그림 하우스에서 설교자의 영성에 관한 귀한 강의를 들으며 참 많은 도전을 받았다. "메시지보다 중요한 것은 메신저의 삶이다"라는 말은 인상 깊었고, 목회의 여정에서 정말 중요한 게 뭔지를 다시금 깨닫게 했다.

그날 한 목사님이 이런 말씀을 하셨다.

"기도하지 않는 것보다 무서운 것은 '기도하는 것처럼 보이는' 것이다. 정직하지 않은 것보다 위험한 것은 정직한 것처럼 보이는 것이다."

나는 정신이 번쩍 들었다. 목회자의 위선을 지적하는 이 말씀은 내게 깊은 울림을 주었고, 정말 내가 해야 할 일이 무엇이며 무엇을 바라보아야 하는지를 깊이 생각하게 했다.

당시 나는 연말을 앞두고 무척 바쁜 일정을 소화하고 있었다. 하지만 주님은 그 시기에 나를 그곳으로 인도하셨다. 그 자리에서 주님이 내게 주신 마음은 분명했다. 지금 내가 진정 배워야 할 것과 초점을 맞추고 바라보아야 할 것이 무엇인지 깨닫기를 원하셨다.

이 시대가 원하는 목회자의 삶은 진정성이라고 생각한다. 화려한 신학적 거대담론이 담긴 설교보다 그 목사를 통과해서 나온 삶의 이야기, 그 목사가 만난 하나님의 이야기를 듣고 싶어 한다고 생각한다.

이런 삶의 진정성은 메시지와 분리되지 않은 메신저의 삶으로부터 나온다. 그러므로 목회자는 자기가 전하는 메시지를 위해 싸워야 한다고 생각한다. 비록 완벽할 수는 없어도 이것을 위한 몸부림이 꼭 필요하다고 믿는다.

사역을 하다 보면 성도들을 속일 수는 있다(물론 절대 그렇게 하지는 않겠지만). 심지어 사역자들도 속일 수 있다. 그러나 가족을 속일 수는 없다고 생각한다. 특히 자기 아내를 속일 수는 없다고 생각한다.

개척을 하면서, 내가 열심히 설교하는데 내 아내가 "저거 아닌데"라고 말하면 내 메시지와 사역은 무슨 의미가 있으며 강단에서 청산유수처럼 설교한들 내 자녀가 '우리 아빠, 저거 아닌데'라고 생각한다면 그 목회에 무슨 의미가 있겠냐는 생각이 들었다.

우리의 싸움은 우리가 전하는 메시지를 위한 것이다. 그 싸움의 내용은 전하는 메시지와 삶의 간격을 최소화하는 데 있다. 성경에 밑줄을 긋는 것도 중요하지만 삶에 밑줄을 긋는 것이 더 중요하다.

그때부터 나는 나 자신의 삶을 더 많이 보게 되었다. 우리 가족에게 부끄럽지 않은 목회, 무엇보다 내 자녀에게 부끄럽지 않은 목회가 되길 기도했다. 물론 지금도 너무 부족하고 앞으로도 이런 부족함은 더 많을 것이다.

하지만 내 삶에서 전하는 메시지와 메신저인 내 삶에 간격이 생기지 않도록 노력하고 싶다. 물론 이 부분은 내 힘만으로 되지 않는다는 것을 안다. 그것을 알기에 나는 오늘도 기도하고 또 기도한다. 성령께서 부족한 내 인생 위에 은혜를 베풀어주시기를.

"그럼 나는?"

한번은 지구촌교회 담임목사님과 점심 약속이 있었다. 모두 어렵게 시간을 내어 함께하는 자리였다. 약속된 시간은 정오 12시. 나는 강의를 마치고 서둘러 이동했지만, 도착한 시간은 12시 10분이었다. 그래도 많이 늦지는 않았으니 양해를 구할 수 있는 시간이라 생각했다.

그런데 건물이 너무 커서 약속 장소를 찾지 못했다. 무작정 7층으로 올라갔지만, 완전히 반대편 건물의 꼭대기에 도착했다. 직원에게 건너갈 방법을 물었더니 "투숙객만 가능하다"라며, 다시 1층으로 내려가야 한다고 했다.

그때부터 등에서 땀이 흐르기 시작했다. 백화점을 지나 1층

으로 내려왔지만, 이번에는 엘리베이터가 문제였다. 내가 가야
하는 곳은 7층이었지만, 모든 엘리베이터는 20-30층 고층 전
용이었다. 결국 다시 직원에게 물어가며 겨우 약속 장소에 도
착했을 때는 12시 30분, 무려 30분 지각이었다.

약속한 8명은 이미 다 와 계셨고, 나는 그중 막내였다. 초대
해주신 목사님에게 연신 죄송하다고 사과드렸다. 모두 따뜻
하게 반겨주셨지만, 내게는 너무나 죄송한 마음이 가득했다.

그런데 그 순간, 주님께서 내게 이런 질문을 던지셨다.

"박 목사야, 오늘 늦어서 많이 힘들고 속상했지? 그럼 나는?"

순간, 무슨 말씀인지 이해하지 못했다. 그런데 주님이 다시
조용히 말씀하셨다.

**"박 목사야, 너 예배에 지각했을 때 이렇게 속상해한 적 있니?
나와 약속한 기도 시간에 늦었을 때 이렇게 미안해한 적 있니?
너는 대형교회 목사님과 점심 약속이 있을 때는 미리 시간과 동
선을 확인하면서, 정작 나와의 약속은 그렇게 하지 않더구나."**

그날, 돌아오는 길 내내 주님께 죄송한 마음뿐이었다. 나는
대형교회 목사님과의 약속을 지키기 위해 미리 동선을 확인하
고, 늦지 않으려 철저하게 준비했다. 하지만 정작 하나님과의
예배, 기도의 자리에 대해서는 그러지 않았다. 어쩌면 나는 하
나님보다 사람을 더 크게 보고 있었던 게 아닐까?

하나님은 우리의 중심을 보시는 분이다. 좀 더 정확히 말하면, 우리 마음의 중심을 보시는 분이다.

우리는 과연 최선을 다해 주님을 예배하고 있는가?

우리의 섬김은 진심인가?

진정성 있는 신앙이 이 시대의 가장 큰 메시지가 될 것이라 믿는다. 사역하면서 주님 앞에서 늘 붙든 말씀이 있다.

> 너는 마음을 다하고 뜻을 다하고 힘을 다하여 네 하나님 여호와를 사랑하라 신 6:5

중요한 것은 '다하는 마음'이라고 생각한다. 마음이 중요한 것이 아니라 다하는 마음이 중요한 것이다. 주님은 이렇게 다하는 마음을 참 기뻐하신다.

헌금을 가장 많이 하는 목사가 되게 해주세요

"주님, 사역자 가운데 헌금 가장 많이 하는 목사가 되게 해주세요."

지금도 같은 마음이지만, 지구촌교회에 있을 때 이것이 나의 목표였다. 물론 액수로는 사업하시는 분이나 오래된 사역자들보다 더 많이 헌금할 수는 없지만, 횟수만큼은 주님께 가장 많은 것을 드리고 싶었다. 한번은 어느 선배가 웃으면서 말했다.

"박 목사, 너 헌금 좀 그만해라. 너 쓸 거는 있냐?"

지금도 주님 앞에 두 가지 마음이 늘 있다.

첫째, 주님 앞에 가장 좋은 시간을 드리고 싶다는 마음이다. 남는 시간, 여유가 되는 시간이 아니라 가장 좋은 시간, 내가 주님께 드릴 수 있는 최적의 타이밍을 드리고 싶다. 이런 점에서, 개척을 한 시기가 내 나이 마흔다섯, 목회자로서 가장 왕성한 때였음에 감사하다.

둘째, 내가 주님께 분명하면 주님도 내게 분명하시다는 것이다. 성경은 "너희를 위하여 보물을 하늘에 쌓아 두라. 거기는 좀이나 동록이 해하지 못한다"(마 6:20 참조)라고 말씀한다. 많은 사람이 이것을 입술로는 고백하지만, 실제로는 잘 믿지 않는 것 같다.

누군가가 주님을 믿는다고 할 때 두 가지를 보면 그의 진정성을 알 수 있다. 그의 시간과 물질이다. 그 이상도 그 이하도 아니다. 헌금이 안 되는데 헌신한다는 말을 믿지 않는다. 눈앞에 주어진 것의 십일조가 안 되는데 자기 인생을 드린다는 말을 믿을 수 없다. 주일성수 하나 온전히 드리지 못하면서 주님께 인생을 드린다고 하는 사람의 헌신을 믿을 수 없다.

주님을 믿는 것보다 주님이 믿으실 수 있는 사람이 되는 것이 중요하다고 생각한다. 주님이 믿을 수 있는 사람이 되면 주님은 그 사람에게 물질도, 사업도, 영혼도 맡기신다.

개척의 시기, 우리 부부는 주님 앞에 가장 많은 것을 드리고 싶었다. 금액에서는 어떤지 모르지만, 횟수만큼은 가장 많았을 것으로 생각한다. 이것을 자랑하고 싶은 것이 절대 아니다. 그저 주님을 향한 나의 마음이 그렇다는 것이다.

예수께서 이르시되 네 마음을 다하고 목숨을 다하고 뜻을 다하여 주 너의 하나님을 사랑하라 하셨으니 마 22:37

유일한 청중이신
주님께 집중하라

인생의 유일한 청중을 바라보라

부르심의 소명자는 수많은 청중이 아니라 단 한 분을 주목하고 그분을 위해서 사는 사람이다. 지구촌교회에서 파트타임으로 사역할 때의 일이다.

그때 주일 1부 예배의 사회는 파트 전도사들이 순번을 따라 담당했는데 1년에 거의 한 번 정도 사회를 보게 되는 것 같았다. 내 전임이던 친구가 사회를 정말 열심히 준비하는 모습을 보고 나도 기회가 되면 잘 준비해서 예배를 섬겨야겠다고 생각했다.

드디어 날짜가 정해지고 주일 1부 사회를 보게 되었다. 며칠 전부터 주일 당일에 부를 찬송과 기도문 등을 잘 작성하고, 틀리지 않도록 기도문도 읽어보고 동선도 미리 점검했다. 주일 1부 예배는 이른 시간에 드리기 때문에 무엇보다 일찍 일어나야 했다. 그래서 당일 알람도 시간대를 다르게 해서 몇 개를 맞추어 두었다.

드디어 주일이 되었다. 담임목사님이 사회자와 성경 봉독자를 위해 기도해주신 후 우리 두 사람은 함께 강단에 올랐다. 주일 1부 예배지만 많은 분이 예배당에 와계셨다.

시간이 되어서 강대상에 섰고, 반주자의 반주에 맞추어 묵상기도로 예배를 시작하였다. 그런데 찬양 반주가 시작되면서 나는 당황하지 않을 수 없었다. 내가 준비한 곡은 〈왕이신 나의 하나님〉인데 반주자가 다른 곡을 연주하는 것이다.

당황했지만 이 상황을 어떻게 해야 할지 고민할 틈도 없었다. 다행히 아는 곡이어서 그저 곡을 따라 하기 시작했다. 마치 아무 일 없었다는 듯이 힘차게 찬양을 불렀다. 그런데 얼마 지나지 않아 반주가 멈추었다. 그때의 정적을 지금도 잊을 수가 없다.

'어떻게 된 거지? 왜 반주를 안 하지?'

30초 정도였지만 내가 느끼기에는 한 30분은 넘은 것 같았다. 등에서는 식은땀이 흘렀다.

그런데 이건 또 무슨 상황인가?! 당황스럽게도, 반주자가 다른 곡을 또 연주하는 것이다. 나는 이미 페이스를 완전히 잃어버리고 말았다. 어떻게 마무리가 되었는지도 모르게 강단을 내려왔다. 알고 보니 반주자가 지난주 주보를 가지고 올라간 것이다.

사람 앞에 서기 전에 먼저 주님 앞에

마음이 답답해서 주일 사역을 할 수가 없었다. 사역을 준비하려고 자리에 앉았는데 도대체 일이 손에 잡히질 않았다. 그래서 그 길로 교회 기도실로 갔다.

마음이 너무 속상하고 답답했다. 그것도 1년에 겨우 한 번 오는 기회인데, 내가 왜 좀 더 능숙하게 대처하지 못했을까 자책이 되었다. 한참을 기도하고 있는데 마음에 주님이 물으셨다.

"춘광아, 네가 가장 속상한 것이 뭐냐?"

"주님, 제가 주님의 예배를 망치지 않았습니까?"

"너 정말 예배 망쳐서 그렇게 속상해하느냐?"

"그럼요, 주님. 제가 예배를 망쳐서 그렇지요…"

그리고 이내 더 이상 말을 하지 못했다. 기도 가운데 내 마음에 떠오르는 분은 주님이 아니었다. 바로 담임목사이신 이동원 목사님이었다. 내가 속상했던 이유를 비로소 깨달았다. 담임목사님의 눈 밖에 날까 봐 그랬다는 것을.

'아, 정신을 바짝 차리지 않으면 정말 중요한 것을 놓칠 수

있겠구나!'

물론 이동원 목사님은 평생 누구와도 비교할 수 없는 영적 멘토이고 소중한 분이다. 그렇지만 주님을 더 의식하지 않는다면 목회는 자칫 다른 방향으로 흘러갈 수 있다. 그것이 나의 연약함이었다.

누구에게나 이런 마음은 다 있을 것이다. 입술로는 주님의 평가가 중요하다고 하지만 실제 삶에서는 사람들의 평가와 인정 한마디에 민감할 때가 있다. 하지만 그것을 의식하며 살아가느냐, 아니냐에는 상당한 차이가 있다고 생각한다.

이 일을 계기로 나의 사역이 많이 바뀌었다. 사람 앞에 서기 전에 하나님 앞에 서야 한다는 것, 당장 담임목사님에게 인정받는 사역도 중요하지만 내 인생에서 최고의 평가자이신 주님 앞에 부끄럽지 않은 사역자가 되는 것이 가장 중요하다는 것을 깨달았기 때문이다.

그 이후 나에게 주어진 사역이 그렇게 되도록 애를 많이 썼다. 때로는 이것 때문에 속상한 일도 있었지만 내 인생의 유일한 청중이 누구이신지를 분명히 상기시켜주는 너무 귀중한 시간이 되었다.

맞아, 주님이 기억하시면 되지

시간을 거슬러, 목사 안수 시험을 칠 때의 일이다. 1부는 필기시험이었다. 우리 교회가 속한 지방회에서 준비한 시험지를 받고 열심히 답을 적었다. 다행히 공부한 것이 많이 나와서 어렵지 않게 여백을 채워갈 수 있었다.

2부는 1부에 치른 필기시험의 내용을 중심으로 문답식 면접 시험을 보는 것이었다. 그날 시험 대상자는 2명이었고 내가 먼저 면접 시험장에 들어갔다.

면접관은 8명 정도 계셨는데 문제가 발생했다. 면접관들은 면접자가 필기시험을 친 내용으로 질문하는데, 어떻게 된 영문인지 내가 친 시험 답안지가 복사되어 있지 않았던 것이다.

총무 목사님이 급하게 복사하러 밖으로 나가시고 면접장에는 잠시 정적이 흘렀다. 그런데 이때 한 목사님이 시간을 줄이자며 우선 생각나는 대로 자유 주제를 가지고 질문하자고 제안하셨다. 동의와 함께 면접이 시작됐는데 전혀 생각지 못한 질문이 쏟아져 나왔다.

그런데 그 질문들에 대한 답이 전혀 생각나지 않았다. 사실 잘 모르면 모른다고 해야 하는데, 그래도 자존심은 있어서 꼬박꼬박 뭔가를 대답했다. 결국 그것이 패착이 되었다. 나중에는 한 목사님이 로마서 한 장을 주시면서 즉석에서 설교까지 요청하셨다.

보통 30-40분이면 끝나는 면접이 1시간 40분이나 진행되었고, 결국 나는 소위 '멘탈이 다 털려'버렸다. 정말이지 구멍이 있으면 어디든지 들어가고 싶은 심정이었다. 지금 생각하면 참 지혜가 부족했다. 겸손함이 필요했는데 그때는 그걸 잘 몰랐다.

그날 얼마나 힘들었는지 이후 사흘 동안 거의 잠을 제대로 자지 못했다. 분한 마음이 가라앉지 않고, 나 자신에게도 너무 속상했다.

그러던 어느 날, 기도 가운데 주님께서 찾아오셨다.

"춘광아, 너 왜 그렇게 힘들어하냐? 무엇이 그렇게 힘드냐?"

"……"

"너 정말 시험을 망쳐서 힘든 것이냐? 아니면 정말 네가 힘들어하는 것이 무엇이냐?"

사실 그때 나는 시험을 망쳐서 힘든 줄 알았다. 하지만 기도 가운데 정말 내가 힘들어하는 이유를 깨달았다. 사람들에 대한 시선 때문이었다. 내 체면 때문이었다.

'지구촌교회 사역자로서 그것밖에 안 되는가.'

'그들이 나를 어떻게 판단, 평가했을까.'

여기에 너무 민감해 있었는데 주님은 내가 누구의 평가를 더 의식해야 하는지를 알게 하셨다. 설교할 때는 "주님이 기억하시면 되지"라고 말했지만 내 삶에서는 그러지 못했다. 사람들을 더 의식하고 사람들의 시선에 더 민감했다.

그날 이런 내 모습을 보고 주님 앞에서 눈물을 많이 흘렸다. 그리고 주님께 기도했다.

"주님, 사람들의 평가보다 주님의 평가에 더 민감한 삶이 되게 하옵소서."

지금 그때를 생각하면 웃음이 나온다. 하지만 그때 나는 평생에 기억해야 할 교훈을 얻었다. 사람 앞에 서기 전에 주님 앞에 서야 한다는 것을. 사람의 시선보다 주님의 시선이 더 중요함을 배우는 시간이었다. 그래서 요즘도 자주 고백한다.

"맞아, 주님이 기억하시면 되지."

넘버원이 아닌
온리원의 인생이 되라

모세가 되려는 유혹을 뿌리쳐라

여호수아가 새로운 시대, 새로운 비전을 열기 위해 가장 먼저 해야 할 일은 '또 다른 모세'가 되려는 부담감을 내려놓고 '여호수아 자신'이 되는 길이었다. 여호수아는 모세가 죽은 후 새로운 리더십을 넘겨받았다. 그러나 이스라엘 백성에게 여전히 메아리치고 있는 존재는 모세였다.

> 여호와의 종 모세가 죽은 후에 여호와께서 모세의 수종자 눈의 아들 여호수아에게 말씀하여 이르시되 내 종 모세가 죽었으니 이제 너는 이 모든 백성과 더불어 일어나 이 요단을 건너 내가 그들 곧 이스라엘 자손에게 주는 그 땅으로 가라 수 1:1,2

이 말씀에 가장 많이 등장하는 이름은 단연 모세다. 모세는 죽었지만, 여호수아에게 그는 사실 죽은 존재가 아니었다. 여호수아의 뇌리에도, 백성의 뇌리에도 모세의 이름은 그대로 살아있었다.

만약 여호수아가 자신이 아닌 모세가 되기 위해 달려갔다면 이스라엘의 미래는 완전히 달라졌을지도 모른다. 이러한 시기에 여호수아가 모세와 비교하는 넘버원의 인생을 추구했다면 그의 인생은 어떻게 되었을까?

인생에는 넘버원의 인생을 사는 사람과 온리원의 인생을 사는 두 종류가 있다. 넘버원의 인생은 늘 남들과 비교하며 남보다 앞서 있어야 행복을 느끼는 사람이다. 그래서 학벌, 재산, 외모 등을 다른 사람과 비교해서 나은 것이 있어야 행복을 느끼는 사람이다.

그러나 온리원의 인생은 그렇지 않다. 그는 자신의 외모와 다른 사람의 외모를 비교해서 굳이 다른 사람이 되려고 하지 않는다. 오히려 하나님이 자신에게 주신 은사, 자신만의 독특성을 믿고 나아간다. 기름부으심이 있는 인생은 굳이 넘버원이 되려고 하지 않는다. 그저 '하나님의 온리원'이 되는 인생을 추구할 뿐이다.

나는 너의 그것을 쓰기 원한다

군 제대 후 복학하면서 충남대학교 경비 일을 하게 되었다. 경비소장으로 있던 친구가 나를 경비로 채용해준 덕분이다. 그러면서 자연스럽게 친구가 다니던 지구촌교회에 가게 되었다. 그것이 지구촌교회와의 첫 만남이었다.

전도사라는 호칭을 다 내려놓고 친구가 사역자로 있는 부서에 주일학교 교사로 들어갔다. 그렇게 시작된 지구촌교회에서의 사역이 만 20년이나 진행될 줄은 꿈에도 몰랐다.

처음 지구촌교회에 갔을 때 스스로 질문했다.

'내가 여기서 할 수 있는 일이 무엇일까? 내가 여기 있어야 할 이유가 뭘까?'

당시 담임목사이신 이동원 목사님은 대한민국에서 제일가는 강해 설교가이셨고, 사역자들 가운데는 '스카이'(서울대·고려대·연세대) 출신도 많았다. 그리고 나를 이끌어준 선배 목사님은 학부와 대학원 평점이 4.44(4.5 만점)였다.

이렇다 보니 '이런 좋은 분들이 사역하면 되지' 싶고, 내가 여기 있어야 할 이유를 발견할 수 없었다. 교회에 남을 이유를 찾기 위해서 1년을 기도했다. 만약 그 이유를 찾지 못하면 깨끗이 정리하고 떠날 결심이었다.

그런 가운데 하나님께서 비전과 관련된 환상을 보여주셨다.

먼저, 명동에 서 있는 내 모습을 보여주셨다. 대학교 1학년 때 친구를 따라 처음 서울에 갔다. 친구에게 서울에서 땅값이 가장 비싼 곳이 어디냐고 물어 그때 찾아간 곳이 바로 명동이었다. 주님은 거기서 내가 좋아하며 뛰는 모습을 보여주시면서 물으셨다.

"네가 느끼는 것이 있느냐?"

하지만 아스팔트 바닥을 보니 느껴지는 것이 없었다. 그러자 다른 환상을 보여주셨다. 이번에는 시골의 논두렁과 시장에서 무엇인가를 파는 장사꾼들의 주름진 얼굴을 보여주셨다.

"네가 느끼는 것이 있느냐?"

그때 대답했다. 분명 느끼는 것이 있다고. 왜냐하면, 내 고향이 시골이고, 아버지가 농부이셨기 때문이다. 아버지는 농사를 짓고 수확한 것들을 장에 팔기 위해서 이른 새벽에 일어나 멀고 먼 길을 가셔야 했다. 몇만 원이 채 되지 않는 돈이었지만, 아들 넷을 키우기 위해 그 수고를 마다하지 않으셨다. 그때 주님께서 내게 말씀하셨다.

"나는 그것을 쓰기 원한다."

처음에는 무슨 말인지 잘 몰랐지만, 하나님은 그때 내게 이런 깨달음을 주셨다.

"너는 왜 아무것도 없는 아스팔트 위에 너의 인생을 건축하려

고 하느냐. 나는 네 인생의 먼지 같은 감정까지도 사역의 재료로 사용하기 원한다."

당시만 해도 시골 출신이라는 것이 내게는 핸디캡으로 느껴졌다. 왠지 다른 친구들에 비해 떨어지는 것 같고 초라해 보였다. 그런데 하나님은 바로 그 점을 사용하길 원하셨다.

논두렁을 다니면서 느낀 느낌 하나, 시골 과수원을 지나면서 느낀 그 감정 하나까지, 그 모든 것을 들어 사역의 재료로 사용하신다는 것을 깨닫게 하셨다.

'내가 가진 이 경험, 내가 가진 이 독특한 감정, 이것은 세상 그 누구도 대신할 수 없는 것이구나!'

그리고 나만이 가진 독특한 감정으로, 나만이 가진 독특한 메시지를 전할 수 있다는 것을 깨닫게 하셨다. 그때 하나님께서 내 인생을 그분의 작품으로 만드셨음을 믿게 되었다.

우리는 그가 만드신 바라 그리스도 예수 안에서 선한 일을 위하여 지으심을 받은 자니 이 일은 하나님이 전에 예비하사 우리로 그 가운데서 행하게 하려 하심이니라 엡 2:10

이때 내 안에 있던 비교의식과 열등의식이 많이 떨어져 나갔다. 지금 생각하면 너무 감사하다. 그때부터는 비교하지 않으려 했다. 다른 사람이 되려고 하거나 굳이 다른 사람의 장단에 내 장단을 맞추려고 하지 않았다. 그때 그 시간이 아니었으면 지구촌교회에서의 시간은 짧게 끝나고 말았을 것이다.

나는 들꽃입니다

작자 미상

나는 들꽃입니다. 이름 없는 들꽃입니다.

나는 들꽃입니다. 아프고 병든 들꽃입니다.

나는 들꽃입니다. 바람에 찢기고 벌레에 파 먹힌 들꽃입니다.

나는 들꽃입니다. 아무도 보아주지 않은 흔하고 흔한 들꽃입니다.

그러나 당신께서 다가와

겸손히 무릎을 꿇으시고 후레쉬를 터뜨렸을 때

드디어 나는 특별한 꽃이 되었습니다.

주님이 임재하시는
장막을 사모하라

주님의 임재에 대한 목마름

주님은 "내가 돌아와서 다윗의 무너진 장막을 다시 지으며 또 그 허물어진 것을 다시 지어 일으키리니"(행 15:16)라고 말씀하셨다. 외형만 놓고 보면, 솔로몬의 성전이 훨씬 더 크고 화려하며 아름답다. 그에 비하면, 단순히 장막을 치고 언약궤를 모셔둔 다윗의 장막은 소박하며, 어찌 보면 허술해 보이기까지 했을 것이다.

하지만 주님은 허술하기 짝이 없는 이곳을 통해서 다윗을 깊이 만나주셨다. 인생의 고비 때마다 다윗에게 말씀을 들려주셨고 인생의 어려움이 있을 때마다 주님의 임재를 보여주셨다.

사람의 눈에는 너무도 초라해 보이는 이곳에서 최고의 만남이 이루어졌다. 거기는 주님을 만나는 곳이었고 주님의 임재와 영광이 가득한 곳이었다.

우리가 세워가는 성전의 모습은 이와 같아야 한다고 생각한다. 화려한 건물이 전부가 아니다. 주님의 임재가 가득한 성전을 사모하는 것이 더 중요하다.

잘 갖추어진 예배당에서 드리는 예배도 너무 좋지만 때로는 특별한 악기도 없이 드리는 선교지의 예배가 더 좋을 때도 있다. 예배당의 외형을 넘어선 예배의 기름부으심과 주님의 임재가 거기에 있기 때문이다. 우리가 정말 사모해야 할 것은 다윗의 장막 속에 있었던 주님의 임재요, 그 장막 위에 주시는 기름부으심이다. 지금은 다시금 이 무너진 다윗의 장막을 회복해야 할 때다.

교회 개척을 시작하면서 내 마음의 소원은 기름부으심이었다. 주님의 임재에 대한 목마름이었다. 우리의 눈물이 쌓일 때 예배당도 채워진다고 생각해서 뜨거운 여름에도 지어져 가는 성전을 위해 다리 밑에서 기도하고 또 기도했다.

상가 건물이 완성될 시기에는 여리고성을 돌 듯 주변을 돌며 기도했다. 건물이 지어졌을 때는 그 안의 빈 곳에서 임재를 위해서 기도했다. 상가 건물이 분양되었을 때는 그 공간에 들어가 빈 의자에 손을 얹고 기도했다.

교회의 역사(歷史)는 성령님의 역사(役事)와 같이 간다고 생각한다. 많은 분이 새 신자들은 담임목사의 말씀을 들어보고 교회를 결정한다고 생각하는데, 내 생각은 다르다. 이미 그 예배당에 왔을 때, 문을 열고 들어왔을 때, 성령께서 그 영혼을 만져주셔야 한다고 생각한다.

새로운 분들이 오셔서 설교를 듣고, 교회를 둘러보고 결정하는 것 같지만, 나는 그 전에 먼저 성령님의 일하심이 있다고 생각하기에 어떤 설교나 인테리어 공간보다 성령님의 일하심을 중요하게 여긴다.

우리 교회에 등록한 많은 분이 "이상하게 교회 문을 열고 들어올 때부터 그렇게 눈물이 났다"라고 고백한다. 상가 개척교회인데, 자리에 앉았을 뿐인데 이상하게 눈물이 주체할 수 없이 흘렀다는 것이다. 나는 이것이 성령님의 일하심, 성령님의 기름 부으심이라고 믿는다.

길을 내시는 성령의 은혜를 사모하라

한번은 우리 교회를 방문한 한 분이 "목사님, 기도원 하려고 교회를 얻으셨어요?"라고 하셨다. 무슨 말인가 했더니 교회 위치가 기도원 하기에 딱 좋은 위치라는 것이다. 달리 말하면, 교회의 접근성이 좋지 않다는 이야기다.

그 당시에는 흔한 노선버스도 하나 없어서 대중교통으로 교회에 오기가 어려웠다. 자차를 이용하지 않으면 올 수 없는 곳이었는데 그것도 모르고 교회 위치를 잘 선택했다고 생각한 내 안목이 얼마나 부족했는지를 절감하게 되었다.

하지만 주님은 이런 나와 우리 교회에 은혜를 베풀어주셨다. 하나님이 보내주셨다고 표현할 수밖에 없는 일이 매주 일어났다. 코로나 위기가 있기 전까지 교회에 매주 새로운 성도의 등록이 한 번도 멈춘 적이 없다.

새로 개척한 교회에 매주 새 성도가 방문하고, 방문한 그 성도가 등록까지 한다는 것은 정말 쉬운 일이 아니다. 이게 얼마나 놀랍고 감사한 일인지는 개척을 해본 사람만이 느낄 수 있으리라. 그렇게 하나님이 많은 사람을 보내주셨고, 주님의 일하심을 경험할 수 있었다.

물론 결론을 가지고 이야기하니 좋게 포장되었지만, 개척의 시간 동안 겪었던 일들을 떠올리면 지금도 콧등이 시큰해진다.

예를 들어, 어렵게 전도해 교회에 정착한 분들이 개인적인 사정으로 떠날 때마다 마음이 무겁기 그지없었다. 교회 전화벨이 울려 전화를 받았는데 끊어지면 혹시 교회를 찾으려던 분이었을까 싶어 이전 다이얼을 확인해보기도 했다.

친구의 소개로 교회를 찾아온 분이 기대했던 수준과 다르다는 이유로 실망스러운 눈빛을 보낼 때는 한없이 초라한 기분이

들기도 했다. 마치 면도날에 베인 듯 마음이 아팠고, 그 감정을 추스르는 데만 며칠이 걸렸다.

주일예배 후 방문하신 분께 적극적으로 다가가면 부담을 느끼실 것 같고, 그렇다고 아무 말 없이 보내면 교회가 너무 냉정해 보일 것 같아 어떻게 접근해야 할지 고민하는 것이 개척 초보에게는 쉽지 않은 숙제였다.

이런 간절함을 안고 나는 토요일마다 교회의 의자를 돌며 한 사람 한 사람을 위해 안수 기도를 드렸다. 처음에는 한 개의 의자에서 시작된 기도가 중간을 지나갈 무렵이면 어느새 마음이 먹먹해졌다. 때로는 안수하는 그 의자 위로 눈물방울이 떨어지기도 했다. 그만큼 간절했고, 그만큼 절박했다.

나는 지금도 분명히 알고 있다. 주님의 사역에는 반드시 성령의 기름부으심이 필요하며, 그분의 전적인 은혜가 있어야 한다는 것을. 내가 어떤 특별한 은사가 있거나 뛰어나서가 아니라 오직 주님의 은혜였음을 고백할 수밖에 없다.

그래서 교회가 초기에 잘 정착된 것이 개인적으로 감사하면서도, 같은 길을 걷고 있는 개척교회 목사님들을 생각하면 한없이 죄송한 마음이 든다. 이 땅에서 함께 사역하는 많은 개척교회 목사님들이 보이지 않는 곳에서 묵묵히 수고하며 눈물을 흘리고 계시는 것을 알기 때문이다.

이 글을 쓰게 된 이유도 실은 바로 그것이다. 이 사역은 결코 한 사람의 능력이나 비범함이 아니라 오직 주님께서 이루신 일임을 간증하고 싶었기 때문이다. 그러나 안타깝게도, 때때로 하나님보다 사람에게 집중되는 모습을 볼 때면 한없이 주님 앞에 송구하고 죄송한 마음뿐이다.

그러나 중요한 것은 주님의 기름부으심이다. 그분의 임재하심이다. 우리가 하는 일에는 먼저 주님께서 베푸시는 은혜가 있어야 한다. 우리가 사람을 만나기 전에, 어떤 일을 시작하기 전에 성령께서 먼저 그곳에 가서서 일하시기를 기도해야 한다.

성령의 기름부으심이 있는 사람에게는 이렇듯 사람이 일하기 전에 성령께서 일하시는 은혜가 있다. 나는 오늘도 우리 교회에 기름부으심의 은혜가 있기를, 그리고 이 예배의 자리가 주님의 임재 가득한 성전이 되기를 사모한다.

이 땅의 모든 크리스천이 이 기름부으심의 은혜를 사모하기를 기대한다. 우리가 일하기 전에 성령께서 먼저 일해주시는 은혜가 있기를 기도한다. 광야와 같은 우리 인생길 위에 성령께서 친히 길을 만드시고 사막에 강물을 내시는 은혜가 있기를 소원한다. 그래서 우리가 가정, 직장 등 모든 자기 삶의 터에서 여전히 성령께서 일하고 계심을 입술로 간증하는 삶이 되기를 기도한다.

ANOINTING

4

기름부으심의
인생은
무엇을 점검해야
하는가?

내게 주신
소명은 무엇인가

'개척은 절대 하지 말자'

개척의 시기는 개척에 대한 나의 마음을 점검하는 시간이 되기도 했다. 부끄러운 이야기지만 나는 목회 인생의 로드맵을 교회 청빙으로 두었다. 목회자들은 대부분 두 가지의 길을 생각하는 것 같다. 하나는 개척, 또 하나는 청빙이다.

사실 나는 이 두 가지가 다 애매한 사람이다. 무엇보다 개척은 진취적이고 믿음이 충만하고 선교와 복음에 매진하는 사람들이 하는 것이라고 생각했다. 마치 잔 다르크처럼 아무도 따르지 않는다고 해도, 혼자라도 깃발을 들 수 있는 사람이 하는 것으로 여겼다.

나는 그런 성향이 아니다. 나 자신을 그저 한 교회를 맡으면 충성되게 잘 감당할 스타일로 해석했다. 그래서 '개척은 절대 하지 말자'라는 결론을 내리고 사역 초기부터 일찌감치 청빙의 로드맵을 세웠다.

그런데 청빙 쪽으로 알아보니 거기도 문제들이 산적해 있었다. 모든 교회가 다 그런 것은 아니지만, 청빙에 지원하려고 하면 이미 내정이 된 경우가 많았다. 그 안에 인맥이 많이 작용했다.

이것이 무조건 나쁘다고 생각하지는 않았다. 목회는 사람에 대한 문제이고, 사람을 다루는 부분에 있어서 모르는 사람보다는 믿을 수 있는 사람들을 천거하고 추천하는 것이 좋다는 생각도 있다. 하지만 '목회자의 세계에도 이런 것이 존재하는구나' 하는 씁쓸함이 있었던 것도 사실이다.

어쨌든 이런 면에서 나는 청빙에 적합지 않은 사람이었다. 사돈의 팔촌까지 뒤져 보아도 목회자는 그림자도 없었기 때문이다. 신학교에서 농담 삼아 금수저, 은수저 이야기를 하는 것을 들었는데 그때 나는 수저 자체가 없는 게 아닌가 생각이 되었다.

목회자로서 부끄럽지만, 그래도 가야 할 길이 이 길밖에 없다고 생각했기에 청빙의 로드맵을 가지고 내일을 준비했다. 청빙에 필요한 이력서도 준비했다. 대형교회 부목사, 그리고 요즘은 꼭 필요하다는, 어렵게 얻은 박사학위도 적어 넣었다.

하지만 하나님은 전혀 다른 방향으로 나를 인도하셨다. 생각에도 없었던 개척을 하게 된 것이다. 지금도 그때를 생각하면 주님께서 나를 벼랑 끝으로 몰고 가신 것 같다.

그때 나는 과거에 한 번의 아픔을 지난 후 그저 하루하루를 지나면 감사했다. 사역할 곳이 있으면 감사하고 설교할 강단이 있으면 행복했다. 미래에 대한 큰 꿈이나 대단한 기대를 품지 못한 채 영적으로는 한없이 가난한 마음으로 그 시간을 지나왔다. 다만 다시 주님이 나를 써주신다면 어디든 기쁨으로 순종하겠다는 마음으로 가득했던 시기였다.

사역도 건강도 다 무너진 상황에서 어느 날 주님은 내게 이런 뜻밖의 제안을 하셨다.

"박 목사야, 너 나랑 개척해보지 않을래?"

예전이었다면 바로 거절했겠지만, 기도하지 않을 수 없었다. 엎드리고 또 엎드리는 시간을 가졌다. 그 기도 시간을 통해 주님의 마음을 알게 되었고, 내 인생을 향한 주님의 뜻이 개척에 있음을 깨달았다.

그때 우연히 한 목사님을 통해서 성령님의 음성을 듣게 되었다. 개척을 해야 한다면 다음의 두 가지 질문에 답을 얻으라는 것이다.

1. 개척 목회지에 갔을 때, 지금의 상황에서 변화가 없어도 계속해서 그 교회를 기쁨으로 섬길 수 있겠는가?

2. 내가 개척을 하려고 해서 성도가 필요한 것인가, 아니면 성도들에게 목회자가 필요하기 때문에 개척을 하는 것인가?

첫 번째 질문은, 교회를 개척하면 그래도 한 명이라도 더 성도가 오고 교회가 부흥해야 하는데 그렇지 않고 변화가 보이지 않더라도 신실하게 섬길 마음이 있느냐는 것이다.

두 번째 질문은 개척하는 진짜 내적 동기를 묻는 것으로, 그 개척이 나의 육신적인 안위를 위한 것인지 정말 성도들을 위한 것인지를 살펴보라는 뜻이다.

나는 이 두 번째 질문 앞에 꽤 오랜 시간을 머물러 있었다.

'개척하는 내 동기가 순수한가? 이 개척이 내게 필요하기 때문에 하는 게 아닌가?'

오랜 시간 기도한 후 많은 불순물을 걷어냈다. 그리고 주님을 향한, 영혼을 향한 마음을 가지고 개척을 결심했다. 나는 그때를 선명히 기억한다.

"박 목사야, 너 실패해도 할 거냐?"

순종한다고 했지만 '기도하며 바르게 개척하면 성공할 것이다' 그런 마음으로 시작하려고 했는데 주님이 정말 내 정곡을 찌르셨다.

"박 목사야, 너 실패해도 할 거냐?"

"주님, 실패해도 가겠습니다."

그날 그렇게 눈물이 났다. 나의 가고 서는 것이 주님 손에 있음을 고백하게 된 날이었다. 지금 생각하면 주님께서 그때 나의 순종을 기쁘게 받으셨음을 믿는다.

여호와여 그러하여도 나는 주께 의지하고 말하기를 주는 내 하나님이시라 하였나이다 나의 앞날이 주의 손에 있사오니 내 원수들과 나를 핍박하는 자들의 손에서 나를 건져주소서 시 31:14,15

너의 교회냐, 나의 교회냐?

내가 처음 개척을 준비할 때 선배들은 하나같이 "오실 것 같은 분들은 오지 않는다", "하나님이 보내주신 사람들은 따로 있다"라는 이야기를 했다.

나는 그렇지 않을 것이라고 장담했는데 참 신기하게 나도 그랬다. 개척의 시간에 정말 '이분은 와주시겠지' 했던 분은 오지 않으셨고, 생각지도 못한 분들이 오셔서 개척에 함께해주셨다.

지금 생각해보면 하나님께서 막으셨다는 생각이 든다. 하지만 당시에는 당연히 도와주실 것 같은 분들에게 거절을 당하자 너무 속상했고, 세 분에게 연이어 거절을 당하고 나니 대인 기피증 같은 현상이 왔다. '거절당하는 것이 이렇게 무서운 것이구나' 싶고, 사람들에게 부탁하기가 부담스러워졌다.

어느 날 주님이 내게 말씀하셨다.

"박 목사, 너는 너의 교회를 세우려고 하느냐, 나의 교회를 세우려고 하느냐?"

나는 당연히 "주님의 교회"라고 말씀드렸다. 그러자 주님은 그런데 왜 그렇게 주저하느냐는 마음을 주셨다.

"주님의 교회를 세우는데 왜 주저하느냐?"

그리고 기도하고 당당하게 만나라는 마음을 주셨다. 주님은 그분의 교회를 세우기 원하신다. 주님이 주신 이 미션을 함께할 동역자를 찾으라는 마음을 주셨다. 그래서 앞으로 기도 가운데 주님께서 분명히 마음을 주시는 분들만 만나겠다고 기도했다. 그 이후 정말 생각지도 못한 귀한 만남이 이어졌다.

나의 동기는
순수한가

아직도 유명세 가지고 목회하려느냐

하나님은 무엇보다 우리의 중심을 보신다. 즉, 마음의 숨은 동기를 보신다는 뜻이다. 그래서 기름부으심을 사모하는 인생은 무엇보다 동기의 순수성을 점검해야 한다.

지구촌교회에 있을 때부터 한 출판사 사장님이 여러 번 연락하셨다. 그 분은 목사님이면서 이름만 대면 알 수 있는 출판사의 사장님으로, 그 분을 통해 책을 출간한 신학교 교수님도 많았다.

그런 분이 책을 쓰자는 제안을 하셨을 때 나는 귀가 번쩍했다. 그 분은 내 사역에 관한 이야기를 들으시고 책으로 정리하면 너무 좋겠다면서, 지구촌교회 같은 대형교회에 있을 때 책을 쓰는 게 좋다는 말씀을 해주셨다. 솔깃한 제안이었다.

그때는 어렵게 거절했는데, 개척을 마음에 품은 시기에 그

분이 다시 연락을 해오셨다. 안 그래도 책을 쓰시는 목사님들을 보면 항상 부럽고 '난 언제 이런 책 한번 써 보나' 생각했는데 하나님이 주신 기회라는 생각이 들었다.

그런데 기도하면 할수록 마음이 무거웠다. 아니, 기도할수록 답답했다. 이게 주님이 원하시는 일이 아님을 직감했다. 그래서 주님께 기도했다. 실은 내가 원하는 일을 하기 위해서 주님을 설득하고 싶었다.

"주님, 전 '빽'도 없고 아무것도 없는데 이런 것이라도 있어야 하지 않을까요?"

"……"

주님께서 아무런 말씀이 없으시다가 한마디 하셨다.

"너는 아직도 유명세 가지고 목회하려고 하느냐?"

철렁했다. 주님은 내 마음을 정확히 보고 계셨다. 책 써서 이름 좀 알리고, 그 유명세로 사람들을 모으려는 그 얄팍한 마음을 보고 계셨던 것이다. 참 한심한 생각을 하고 있었다. 그것이 나의 현주소였음을 적나라하게 보여주셨다.

이후 개척을 시작하면서 교회 홈페이지에 어떤 개인적인 이력도 넣지 않았다. 물론 이력을 적는 것은 필요한 부분이라고 생각한다. 하지만 그때는 학력이나 그 어떤 다른 부분이 아닌, 그저 주님만 바라보는 시작을 하고 싶었다. 그리고 그때 그 마음을 주님은 기쁘게 보셨다고 믿는다.

이 학위, 주님 앞에 내려놓겠습니다

지구촌교회의 배려로 한국에서 사역하면서 미국 리버티신학교에서 박사과정을 공부할 때의 일이다. 사역적인 필요에 의해서 학위 과정을 하는 거였기 때문에 늘 '사역이 우선이고, 사역에 방해가 된다면 언제든 그만둔다'라는 생각을 하고 있었다.

그런데 어느 날 기도 가운데 주님이 물으셨다.

"너, 그 박사학위 정말 내려놓을 수 있느냐?"

과거 한 유명한 목사님에게 왔던 질문이 내게도 온 것 같은 느낌이었다.

그 목사님의 이야기를 들었을 때는 나는 바로 내려놓을 수 있겠다 싶었는데 정작 주님이 내게 물어오셨을 때는 그 말씀 앞에 바로 답을 드리지 못했다. 마음만 먹으면 얼마든지 내려놓을 수 있다고 생각했는데 정작 이 순간, "네"라는 답이 생각처럼 쉽게 나오지 않았다.

재차 주님이 물으셨다.

"너 정말 그 박사학위를 나한테 바칠 수 있느냐?"

그날 알게 되었다. 박사학위가 내가 남몰래 붙들고 있었던 끈이란 것을. 내가 공부하던 그 시기에 한국 교회에는 목회학 박사 열풍이 불고 있었다. 웬만한 교회로 청빙 받아서 가려면 박사학위는 있어야 한다는 것이 정설이었다. 내색하지는 않았지만, 나도 이력서에 그 한 줄을 쓰고 싶었던 것이다.

그날 주님 앞에 기도하며 고백했다.

"주님, 이 박사학위라도 있어야 하지 않을까요?"

사람이 꼭 목숨이 끊어져야 죽는 것이 아니다. 내가 소망했던 일을 하지 못하면 죽는다는 것을 그때 알았다.

그날 나는 내 안에 숨은 동기를 보았다. 겉으로는 많이 포장했지만, 진짜 내 안에 있는 욕심과 야망을 보았다. 너무 부끄럽고 수치스러웠다. 그날 주님 앞에 그것을 내려놓았다.

"주님, 이 박사학위를 주님 앞에 내려놓겠습니다!"

그날 또 한 번 참 많이 울었다. 주님이 그때 나의 숨은 동기를 보고 계셨음을 다시 느끼는 시간이었다.

그 마음의 숨은 일들이 드러나게 되므로 엎드리어 하나님께 경배하며 하나님이 참으로 너희 가운데 계신다 전파하리라

고전 14:25

나의 태도와 성품은 겸손한가

기도는 내용만큼 태도도 중요하다

열왕기상에 엘리야가 기도하는 장면이 나온다. 주님은 기도의 내용도 중요하게 생각하시지만 기도하는 사람의 태도도 중요하게 보신다.

아합이 먹고 마시러 올라가니라 엘리야가 갈멜산 꼭대기로 올라가서 땅에 꿇어 엎드려 그의 얼굴을 무릎 사이에 넣고 **왕상 18:42**

엘리야는 갈멜산 전투에서 바알과 아세라 선지자들과 850대 1로 싸워서 대승을 거둔 사람이다. 하늘에서 불을 내렸던 대선지자인데 땅에 꿇어 엎드려 기도하는 엘리야의 모습을 보라. 나는 개인적으로 실력 있는 사람은 무섭지 않지만, 실력이 있는데 기도하는 사람은 무섭다.

땅에 무릎을 꿇고 그 얼굴을 무릎 사이에 넣은 엘리야가 무슨 기도를 했을까? "하나님, 저는 아무것도 아닙니다. 하나님, 제게 긍휼을 베풀어주십시오. 하나님, 은혜를 베풀어주십시오"라는 간절한 기도가 아니었을까.

간혹 외부 집회 때문에 밖에 나갔을 때 참 힘든 분들이 있다. 말을 함부로 하는 분들이다. 처음에 개척교회를 시작했을 때는 정말 겸손했는데, 교인들의 숫자가 늘어나고 교회가 커지면서 바로 반말을 하는 분들이다.

그런 분에게는 간혹 주님을 만난 게 맞냐고 물어보고 싶을 때가 있다. 내가 만난 예수님은 겸손의 왕으로 오신 주님이시기 때문이다. 복음을 정확하게 만나면 반드시 맺혀야 할 열매가 바로 겸손이라고 생각한다.

그는 근본 하나님의 본체시나 하나님과 동등됨을 취할 것으로 여기지 아니하시고 오히려 자기를 비워 종의 형체를 가지사 사람들과 같이 되셨고 사람의 모양으로 나타나사 자기를 낮추시고 죽기까지 복종하셨으니 곧 십자가에 죽으심이라 빌 2:6-8

너의 생명이 누구의 것이냐

하나님은 교만한 자를 대적하시고 겸손한 자에게 은혜를 주시는 분이다. 내가 겸손에 관해 깊이 생각한 인생의 시기가 있었다. 신학교에 입학하면서 위가 심하게 아팠을 때였다.

그때까지 나는 위가 신체 장기 중에서 가장 튼튼한 줄 알았는데 위에 적신호가 왔다. 병원에 가도 병명이 나오지 않았고, 몸무게는 줄고 줄어서 53킬로그램까지 내려갔다. 거의 군대 면제에 가까운 정도였다. 위가 아파본 분들은 알겠지만, 위에서 말간 물이 나온다.

위가 아프다니까 주변에서 위에 좋다는 것을 많이 주셨다. 한번은 어느 권사님이 마(山藥)가 위에 좋다면서 잔뜩 갈아오셨다. 맛이 너무 이상해서 한 번에 다 마셔버렸더니 너무 잘 먹는다고 또 한 잔을 주셨다. 참 잊을 수 없는 추억이고 사랑이다.

그러던 어느 날 밤에 하나님이 나에게 물으셨다.

"네 생명이 누구의 것이냐?

바로 대답했다.

"제 생명은 하나님의 것입니다."

주님이 또 한 번 같은 질문을 하셨다.

"이 생명이 누구의 것이냐?"

두 번째도 똑같이 대답했다.

"제 생명은 하나님의 것입니다."

세 번째에도 또 같은 질문을 하셨다.

"이 생명이 누구의 것이냐?"

나는 다시 대답하지 못했다. 말로는 하나님의 것이라고 했지만, 마음속으로는 정말 그렇게 생각하지 않는다는 것을 깨달았기 때문이다.

나는 웬만큼 하면 내가 할 수 있다고 생각했다. 우리 아버지가 정말 열심히 사셨고 그 모습을 보고 자랐기 때문에 목회도 열심히 하면 된다고 생각했다. 그때 알았다. 인생은 하나님이 기회를 주셔야 할 수 있다는 것을.

그때 나는 파트타임이었지만 교회를 갈 수 없어서 안식월을 보내야 했다. 마음만 먹으면 강단에 설 수 있다고 생각했지만 그게 아니었다. 하나님이 기회를 주셔야 섬길 수 있음을 절감했다.

그래서 지금의 사역이 너무 감사하다. 강단에 설 수 있음이 너무 행복하다. 많은 것을 하지 못해도 그저 쓰임 받을 수 있음에 감사하다. 주님은 겸손한 인생에 기름부으심을 주신다. 엎드리고 기도하는 인생에게 기름을 부어주신다.

성경적 겸손과 성격적 겸손

겸손에는 두 가지가 있다. 성경적인 겸손과 성격적인 겸손이다. 이 둘은 좀 다를 수 있다. 성격이 부들부들한데 막상 결정적일 때 뜻을 굽히지 않는 사람이 있고, 반대로 별로 겸손해 보이지 않는데 말씀 앞에서 언제든 자신의 삶을 내려놓는 사람이 있다.

이 둘은 위기를 만나면 금세 알 수 있다. 예를 들면, 사울은 성격적으로 아주 겸손한 사람이다. 이스라엘의 왕으로 세움을 받을 때 자신은 자격 없는 사람이라고 물러서서 짐보따리들 사이에 숨었다. 그런데 인생의 위기를 만났을 때 자신을 내려놓지 않았다. 성격적인 겸손이지 성경적인 겸손은 아니다.

반면 다윗은 처음 보기에는 아주 겸손한 성격 같지는 않다. 골리앗을 이길 때도 그렇게 겸손해 보이지는 않는다. 하지만 자신이 밧세바를 범한 사건을 나단 선지자가 책망하자, 하나님의 말씀 앞에서 모든 것을 내려놓았다. 다윗은 성경적인 겸손을 갖춘 사람이었다.

간혹 집회를 위해 외부 교회를 방문할 때가 있는데, 많은 경우, 열심 있는 성도들이 교회를 세워가는 것을 본다. 그런데 안타깝게도 때때로 그 열심이 교회의 문제가 되기도 한다.

자신의 열정과 헌신을 교회가 알아주지 못한다고 느낄 때 그 열심이 오히려 교회를 허무는 방향으로 작용할 수 있다. 아이러니하게도, 교회를 허물 때조차도 그들은 열심을 다한다. 물론 모두가 교회를 위한 마음으로 한다고 하지만, 그 과정이 너무 안타까울 때가 많다.

이러한 마찰과 충돌이 있을 때 꼭 필요한 것이 바로 겸손의 마음이다. 주님의 교회를 위해서 열심을 내어 섬기면서도 그 안에 주님이 주신 겸손함이 있어야 한다.

내 생각과 내 의지가 중요한 것이 아니라 주님의 생각과 주님의 뜻이 중요하다. 내 생각과 내 뜻대로 살면 그 삶은 사사기의 삶이 된다. 사사기의 삶은 '자기 소견에 옳은 대로'(삿 17:6, 21:25) 행하는 삶이다.

그리스도인의 삶은 각자 소견에 옳은 대로 행하는 삶이 아니라 주님이 원하시는 대로 사는 삶이다. 때로는 힘들고 어려운 일이 생겨도 주님의 뜻이기에 순종하며 엎드리는 것이 진정한 그리스도인의 삶이다.

한번은 어렵게 신청해서 간 세미나에서, 결국 수강도 못 한 채 차를 돌려 돌아와야 했던 경험이 있다. 한 성도님의 전화를 받았는데, 나에 대한 큰 오해가 있음을 알게 되었다. 당장 가서 그 소문의 진상을 파악하고 싶었지만, 주님은 멈추라는 사인을 주셨다.

분명히 사건의 진위를 밝히고 싶은 마음이 간절했고 그렇게 할 수 있을 것 같았다. 그러나 주님은 거듭 멈추라고 하셨다. 그렇게 차 안에서 주님의 음성을 들으며 나는 조용히 고백했다.

"주님, 나는 십자가 앞에서 죽었습니다."

무려 열 번을 고백했지만 마음이 진정되지 않았다. 그래서 다시 열 번을 더 했다. 그래도 여전히 마음이 가라앉지 않았다. 그런데 세 번째로 열 번을 더 반복하며 고백했을 때, 내 눈에서 눈물이 핑 돌았다.

'그렇지…. 나는 십자가에서 이미 죽었지. 내 자존심도, 내 자아도, 내 체면도 십자가에서 죽었지….'

그 고백을 하자, 신기하게도 마음이 조금씩 진정되기 시작했다. 그때야 주님의 말씀이 더욱 선명하게 들려왔다.

"박 목사야, 오해받는 것이 섭섭하냐? 나도 그랬다. 나도 오해받고, 수모를 당하고, 모욕을 당했다."

주님의 이 한마디에 마음이 먹먹해졌다. 그러면서 생각했다. 바울은 로마의 감옥에서 얼마나 많이 이 고백을 했을까? 입술을 깨물며, 수십, 수백, 수천 번을 반복하며 고백했을 것이다.

우리는 우리의 뜻과 생각대로 사는 사람들이 아니다. 우리는 주님의 뜻과 생각을 기억하고, 그분의 뜻에 순종하며 살아가는 사람들이다. 우리는 단순히 성격적인 겸손을 위해 사는 것이 아니다. 우리는 주님의 뜻에 순종하는 성경적인 겸손의 삶을 살아가는 사람들이다.

나는 성도들이 그저 성격적 겸손이 아니라 성경적 겸손의 사람이 되길 기도한다. 성경적인 겸손 위에 성령의 기름부으심이 임한다. 오늘도 있는 그 자리에서 엎드리시길 바란다. 때가 되면 주님이 반드시 높여주신다.

그러므로 하나님의 능하신 손 아래에서 겸손하라 때가 되면 너희를 높이시리라 **벧전 5:6**

머리에서 가슴으로
이어지는 신앙인가

나 같은 사람도 목사 될 수 있나요?

결혼 초기, 첫딸을 낳았는데 아이가 체중 1.75킬로그램의 미숙아로 태어났다. 잘 자라서 지금은 대학생이 되었지만, 출산 후 의사로부터 처음 들은 말은 "축하합니다"가 아니라 아이를 포기해야 할지도 모른다는 말이었다.

다행히 아이가 조금씩 나아져서 퇴원을 할 수 있게 되었는데 문제는 병원비를 낼 방법이 없었다. 그때가 전도사 시절이었는데, 아무리 머리를 굴려보아도 병원비를 마련할 방법이 떠오르지 않았다.

그래서 아내에게 "이번 달 십일조라도 보태서 병원비를 내자"라고 제안했다. 전도사가 그렇게까지 이야기를 했다. 그 당시 십일조를 합쳐도 병원비에는 어림도 없었지만. 그런데 우리 집은 내 믿음보다 아내의 믿음이 더 좋다. 아내는 일언지하에 거절했다.

병원비는 전혀 해결의 기미 없이 퇴원할 일정만 다가왔다. 결국 퇴원 날짜를 정해서 병원에 이야기했다. 마음은 너무 답답했다. 한 가족을 책임지는 가장의 무게를 뼈저리게 느꼈다.

퇴원을 앞둔 저녁, 아내가 섬기는 교회(당시 아내는 다른 교회를 다녔다)의 목사님이 심방을 오셨다. 교회가 생긴 이래 처음으로 주일 저녁 성도님들이 헌금을 하셨다는 것이다. 가난한 신학생을 우리가 돕자는 마음으로 저녁 예배 오신 분들이 그 자리에서 헌금을 하신 모양이다. 목사님은 금액도 확인해보지 않으시고 봉투째 주고 가셨다.

아내 앞에서 헌금봉투를 열어 볼 면목이 없어서 화장실로 갔다. 거기서 헌금을 확인하면서 참 많이 울었다. 병원비 전체를 제외하고도 한 달 치 분윳값이 나왔다. 아내 몰래 얼마나 꺼이꺼이 울었는지 모르겠다.

그날, 두 가지 기도를 드렸다.

"하나님, 저 같은 사람이 목사 될 수 있나요? 저같이 믿음 없는 사람은 하지 말아야 하는 것 아닌가요?"

강단에서는 믿음을 이야기하는데, 정작 그 문제가 내 문제가 되니까 내 믿음이 잘 작동하지 않았다. 말로는 태산을 옮기는데, 정작 내 문제 앞에서는 작은 돌부리에도 움직이지 못하는 게 내 믿음이었다. 내가 참 엉터리였다는 걸 그때 알았다. 그리고 그때 또 하나, 돌비석처럼 마음판에 이 말씀이 새겨지게 되었다.

그런즉 너희는 먼저 그의 나라와 그의 의를 구하라 그리하면 이 모든 것을 너희에게 더하시리라 **마 6:33**

이 말씀은 내가 주일학교에 가서 가장 처음 외운 말씀이다. 평생을 입에 달고 산 말씀인데 머릿속에 있던 말씀이 그날 내 마음속에 새겨졌다.

내가 주의 일을 하면 주님은 내 일을 해주신다

주님을 섬기면서 깨닫게 된 큰 은혜가 하나 있다. 내가 주님의 일을 하면 주님은 전심으로 내 일을 해주신다는 것이다. 내가 주님의 일을 할 때 주님이 내 일을 해주심을 그때 정말 깨닫게 되었다. 이 땅의 그리스도인들이 먼저 그분의 나라와 그분의 의를 구할 때 주님께서 반드시 그의 필요를 채워주실 것을 믿는다.

개척을 앞두고 가장 많이 기도했던 부분은 가족이었다. 대형교회에서 자라온 아이들이 척박한 개척교회의 삶을 잘 이겨낼 수 있을까 하는 걱정이 컸다. "아버지가 소명을 받은 것이지, 아이들은 무슨 죄인가?" 하는 푸념도 나왔다.

개척을 위해서는 먼저 아이들의 동의가 필요했다. 아니, 정말 하나님의 인도하심과 뜻이라면 성령께서 우리 가족의 마음을 하나로 모아주실 것이라 믿었다.

아내는 이미 오래전부터 지구촌교회를 떠나 개척을 하든 무엇을 하든 상관 없다는 입장이었다. 깊이 고민하지 않고 흔쾌히 "예스"라고 했다. 훗날 알게 된 사실이지만, 아내도 하나님께 기도했다고 한다.

"하나님, 저는 '딱 3년'입니다. 가진 전세금을 다 드릴 테니, 3년 해보고 안 되면 깨끗이 정리하고 시골이든 어디든 내려가겠습니다."

지금 생각해보면, 참으로 대단한 결심이었다. 문제는 아이들이었다.

그런데 놀랍게도 기적 같은 일이 일어났다. 첫째는 크게 고민하지 않고 동탄으로 가겠다고 했다. 너무 신기해서 이유를 물어보니, 얼마 전 가장 친한 친구가 동탄으로 이사를 갔다는 것이다. 그 친구와 함께 교제하면 되니 괜찮다고 했다.

더 놀라운 것은, 동탄으로 이사한 후 그 친구와 같은 학교,

같은 반이 되었다는 점이다. 그리고 그 친구가 우리 교회에 출석하게 되었고, 나중에는 부모님까지 함께 나오시면서 지금까지 신실하게 교회를 섬기고 계신다.

둘째도 마찬가지였다. 큰아이는 친구가 있었지만, 둘째는 어떻게 할지 기도하던 중에 지구촌교회 부목사님 한 분이 전화를 주셨다. 평소 동생처럼 아끼던 후배였는데, 동탄으로 이사를 가게 되었다는 것이다.

그런데 이야기를 들어보니, 층수만 다를 뿐 우리가 들어갈 아파트와 같은 라인, 같은 동에 살게 된다는 것이었다. 순간, '이건 뭐지?' 하는 마음이 들었다.

더 놀라운 것은, 그 목사님의 둘째와 우리 둘째가 동갑이라는 점이었다. 그리고 두 아이는 같은 학교, 같은 반이 되었다. 그 순간에는 정말 소름이 돋을 정도였다. 나는 하나님의 인도하심에 눈물이 났다. 내가 걱정하고 염려하는 것 이상으로 채워주시고 인도해 주시는 하나님께, 그저 감사하고 또 감사할 뿐이었다.

너희 염려를 다 주께 맡기라 이는 그가 너희를 돌보심이라 **벧전 5:7**

주님은 우리의 인생을 '모두' 책임지시는 분이 아니다. '우리가 맡긴 만큼' 책임지시는 하나님이시다.

자녀를 맡기면 자녀를 책임지시고,

물질을 맡기면 물질을 책임지시며,

건강을 맡기면 건강을 책임지신다.

인생을 주님께 맡기면, 주님은 반드시 우리 인생을 책임져 주신다.

수천 번 주기도문을 외웠으나

큰아이 병원비 문제가 해결되고 난 후 얼마 지나지 않았을 때다. 학교 서점에 갔다. 개인적으로 시를 좋아해서 시집 코너에 가서 책 한 권을 읽었다. 고훈 목사님의 《목회일기 사모일기》라는, 그리 두껍지 않은 시집이었다.

그런데 그 시집을 읽다가 책장을 더 넘기지 못하고 얼굴을 책에 파묻고 숨죽여 울었다. 그때의 내 삶을 현미경으로 들여다보듯 이야기한 시에서 주님이 내 삶을 보고 계셨음이 느껴졌기 때문이다.

목회일기 4

신학생 담임전도사 시절
눈은 온통 땅 위에 쌓이고
쌀은 떨어지고
나무도 다 뗐다.

저녁밥을 굶고 나니
첫 아이 갖고 배부른 아내가
가엾고,
왠지 무능한 사람 같아
서글퍼졌다.

40일도 금식한다던데
눈오고 날씨 찬데
돈 꾸러 갈 수도 없고
그렇다고
결혼반지 팔아 쌀 팔아 먹을 수도
없고
한끼 굶자

신앙으로 합의하고

누웠다.

밤 10시 다 되가는데

계시받고 온 사람처럼

집사님이

쌀 한 말과

나무 가지고 와서

부엌에다 놓고 간다.

늦은 밤

저녁상 앞에 놓고

감사기도하다가

우리에게 오늘도

일용할 양식을 주시오니 감사하나이다

하는 대목에

나는 울었다.

예수 믿는 날부터

수천 번을 주기도를 외웠으나

이제야

그 의미를 깨달았기 때문이다

밥 한그릇

얼마나 귀한 것인가

주님은

날마다 일용할 양식 달라고

기도하시라니….

_고훈·김영란, 《목회일기 사모일기》(베드로서원, 1997), p.19~21.

내 영혼의
생수는 무엇인가

번아웃을 경험하다

지구촌교회에서 대학부 사역을 전임으로 맡았을 때의 일이다. 많은 사역자가 대학부 사역을 젊은 사역자의 로망과 꿈으로 생각했다. 사실 나는 내가 지구촌교회 대학부를 맡게 될 것이라고는 전혀 생각하지 못했다. 전임 사역자들이 하나같이 너무 쟁쟁한 분들이라 나 같은 존재는 감히 명함도 내밀 수 없는 곳이라고 생각했다.

하지만 사역자들 안에서 추천이 있었고 결론적으로 대학부를 맡게 되었다. 부족한 사람에게 맡기신 귀한 자리라 생각하고 정말 최선을 다했다.

단적인 예로, 1년에 많을 때는 52번의 MT가 있었다. 내가 얼마나 많은 사역의 현장에 있었는지를 대변하는 대목이라고 생각한다. 거의 매 주일 학생들과 뒹굴며 사역했다. 참 행복한 시간이었고 지금도 그때를 생각하면 웃음이 지어진다.

그러던 때에 예상치 못한 아픔의 시간이 찾아왔다. 내가 대학부 담당자가 되면서 뜻하지 않은 오해가 생긴 것이다. 당시 나는 그때의 상황을 전혀 알지 못했다. 원래 다른 분이 맡을 것으로 예상되었는데 내가 담당자가 되면서 오해가 빚어진 것 같았다.

더 힘들었던 것은 존경하던 선배에게서 가슴 아픈 말을 들은 것이다. 그때를 떠올리면 지금도 마음이 너무 아프다. 많은 부분을 설명하고 싶었지만, 그 일 후에 더 이상 이야기를 나눌 기회가 주어지지 않았고 그저 주님께만 아뢸 수밖에 없었다. 나는 관계 지향적 성향이라서 관계가 틀어져 있으면 사역이 참 힘든데 그때가 그런 시기였다.

대학부 사역을 시작하고 열정적으로 뛰어가던 2년째 해, 교회에서 드디어 목사 안수를 받게 되었는데 그때 내 인생에 번아웃이 왔다. 그때까지는 교회 가는 것이 즐겁고 너무 행복하고 학생들과 있는 게 너무 좋았는데 이상하게도 더는 기쁘지 않고 마음에 행복이 없었다.

운동도 해보고 영화 감상이나 다른 것들을 시도하면서 회복의 기회를 찾았지만 그런 기회는 잘 오지 않았다. 나는 그때 '어떻게 사역자에게 번아웃이 올 수 있을까?'라고 생각하며 더 기도만 했다. '더 말씀을 읽어야지' 하면서 말씀을 읽고 예배를 드렸다.

사역자도 번아웃이 올 수 있고 영혼의 어두운 시기가 있다는 것을 인정했어야 하는데 그때는 이 부분에 참 무지해서 나 자신에게 그러지 못했다. 나를 더욱 혹독하게 다룰수록 더욱 깊은 침체의 늪에 빠졌다. 참 힘들고 어두운 터널 같은 시간이었다.

목회는 생수가 아니다

> 내 백성이 두 가지 악을 행하였나니 곧 그들이 생수의 근원 되는 나를 버린 것과 스스로 웅덩이를 판 것인데 그것은 그 물을 가두지 못할 터진 웅덩이들이니라 렘 2:13

나는 그때 목회가 생수인 줄 알았다. 사역이 생수인 줄 알았다. 나는 그곳을 파면 생수가 나오는 줄 알았다. 그런데 목회는 생수가 아니었다. 사역은 생수가 아니었다. 중요하지 않다는 것이 아니다. 그러나 우리의 생수는 영원하신 예수 그리스도뿐이다. 오직 주님만이 내 영혼의 생수이시다.

그리고 월화수목금금 쉬지 않고 일하는 것은 물을 가두지 못할 터진 웅덩이라는 것을 알게 되었다. 그때 정말 주님 앞에 많이 울었다. 이런 마음으로 목사 안수를 받아도 되나 생각했다.

그러다 한 후배의 추천으로 상담을 받게 되었는데 그렇게 시작된 상담이 1년을 넘길 줄은 꿈에도 몰랐다. 그렇게 1년의 상담과 치유를 통해 내 안에 건강하지 못한 자신을 많이 발견하게 되었다.

그때만 해도 내가 좋아하는 것을 이야기하기보다 남이 좋아하는 것, 리더가 원하는 것을 하려고 애를 많이 썼다. 그래서 남이 정하는 속도가 아닌 나만의 속도, 나만의 장점을 찾으려고 많이 애썼다.

그때부터 비로소 나만의 빛깔, 나만의 색채가 나오기 시작했다. 시작은 아픔이었지만 그 아픔을 통해서 더 성숙하게 되었음을 참 감사하게 생각한다.

기름부으심의 인생은 아픔이 없는 인생이 아니다. 아픔을 통해서 성숙을 배우는 인생이다. 목회는 생수가 아니다. 일도 생수는 아니다. 오직 예수님만이 생수이시다.

많은 사람이 웅덩이를 판다. 성공의 웅덩이, 명예의 웅덩이, 권력의 웅덩이를 판다. 하지만 그 웅덩이는 터진 웅덩이다. 생수를 가둘 수 있는 웅덩이가 아니다.

이 땅의 모든 성도가 생수의 근원 되신 주님을 놓치는 우를 범하지 않기를 바란다. 중요한 일을 하면서 가장 중요한 주님을 놓치지 않기를 바란다. 아니, 반대로 주님만이 생수이심을 고백하길 기도한다. 그때 우리 영혼의 깊은 곳에서 생수의 강이 흘러갈 것을 믿는다.

나를 믿는 자는 성경에 이름과 같이 그 배에서 생수의 강이 흘러나오리라 하시니 요 7:38

ANOINTING

5

기름부으심의
인생은
어떻게 살아야
하는가?

성공 아닌
승리를 위해 살라

우리의 부르심은 성공이 아니라 승리

인생을 향한 하나님의 부르심은 성공이 아니라 승리라고 믿는다. 성경은 어디에서도 우리에게 성공하라고 말씀하지 않는다. 단지 승리하라고 말씀하고 있다. 개척을 시작하면서 주님께 기도했다.

"주님, 제가 성공한 목회자가 아니라 승리하는 목회자가 되게 해주십시오."

교회 개척 후 2년 반 만에 코로나의 위기가 왔다. 정말 쉽지 않은 시기였다. 바로 그때 목회의 방향을 바로 잡아준 귀한 글이 하나 있다. 이진희 목사님이 쓰신 《가나안에 거하다》라는 책이다.

"광야를 지나면서 가나안에 들어가는 것만 생각하지 마라. 광야를 벗어나는 것에만 집중하지 마라. 어떻게 하면 지금 지나는 광야에서 승리할 것인가를 생각하라. 이스라엘 백성처럼 광야에서 실패하면 가나안에 들어가더라도 부끄러울 뿐이다. 지금 지나고 있는 광야를 벗어나지 못할 수도 있다. 평생 광야를 지나야 할지도 모른다. 그래도 우리는 그 광야에서 승리해야 한다."

_이진희, 《가나안에 거하다》(두란노, 2021), p.119.

지구촌교회를 섬기면서 크고 작은 교회의 목사님들을 많이 뵈었다. 소위 세상적으로 성공한 목사님도 많이 보았다. 그러나 성공한 목사라고 해서 꼭 승리한 목사인 것은 아니라는 것을 깨닫게 되었다. 세상의 눈으로 보면 큰 교회를 담임하는 목사님들이 성공한 것 같지만 모두가 승리한 것은 아니다.

반대로 시골의 가난한 개척교회를 하면서, 세상이 보기에는 실패한 목회자처럼 보이지만, 승리하는 목회자를 많이 보았다. 주님의 부르심에 결코 흔들림 없는 뿌리 깊은 영성을 많이 보았다. 그분들은 거기서 영적으로 승리한 것이다.

교회 건축을 마친 후 안식월을 얻어 제주도에서 한 달간 머물렀다. 어느 날, 성도님 한 분 앞에서 목회하시는 목사님의 교회에서 예배를 드렸다. 누구보다 열정적으로 설교하고 사역하시는 모습에 큰 감동이 되었다. 믿음에서 승리하고 계신 것이다.

기름부으심이 있는 인생은 성공보다 승리를 위해 사는 사람이다. 우리는 성공을 위해서가 아니라 승리를 위해서 부름받은 것이다. 이 글을 읽는 모든 목회자와 성도가 믿음 안에서 승리하는 사람이 되기를 기도한다.

나는 네가 '바보'라서 썼다

한번은 어느 식당에서 은퇴를 앞두신 한 선배 목사님을 뵈었다. 그 목사님은 시골 교회를 여섯 곳이나 개척하신 분이었다. 한 지역에 가서 교회를 개척하고, 어느 정도 안정이 되면 또 다른 곳을 개척하고, 그렇게 해서 여섯 번이나 개척하셨다. 우연한 기회를 얻어 함께 식사하며 이야기를 들었다.

이 목사님이 어느 날인가는 하나님께 "하나님, 왜 저를 이렇게 사용하셨나요?"라고 물으셨다고 한다. 그러자 하나님은 이렇게 말씀하셨다고 한다.

"나는 네가 바보라서 썼다."

무슨 말씀이신가 들어보니 처음 개척에 대한 마음을 주실 때 주님은 시골에, 그것도 딱 일곱 가정이 전부인 시골에 가서 개척하도록 마음을 주셨다고 한다. 그런데 이 목사님은 그 일곱 가정을 바라보고 거기에 가서 교회를 개척하고 마을 사람들을 다 전도하셨다는 것이다.

하나님이 이 목사님에게 이런 말씀을 하셨다고 하신다.

"지금의 목사들은 너무 똑똑해서 내 말을 잘 듣지 않는다. 그런데 너는 일곱 가정 있는 곳에 가서 개척하라고 하면 할 만큼 바보라서 내가 널 쓴 것이다."

마음에 묵직한 울림이 왔다. 지금의 목사님들이 다 그런 것은 아니지만, 개척하고 헌신하는 데 너무 가리고 따지는 마음이 있다. 중요한 것은 주님에 대한 믿음이고 헌신의 마음임을 짚어주셨다.

나는 그날 이 목사님을 뵈면서 성공이 아닌 승리의 길이 무엇인지를 배울 수 있었다. 세상적인 성공만을 생각했다면 절대 갈 수 없는 길이었다. 승리의 길을 믿는 사람만이 갈 수 있는 길이었다. 그리고 식사가 이어지면서 목사님이 이런 말씀도 하셨다.

"박 목사, 하나님이 이제 나를 버리실 때가 되었나 봐."

무슨 말씀이신지 쿵, 하는 마음이 들었는데, 목사님이 은퇴를 앞두시고 자꾸 노후 생각이 나신다는 것이다. 아들도 어려운 목회를 하고 있어 자신을 도울 수 있는 형편이 되지 못하니 아무래도 본인 앞가림은 스스로 해야 하는데 준비되지 못한 노후를 생각하게 되고, 그러면서 자꾸 인생의 본전 생각이 난다는 것이다.

이런 말씀을 하시면서 내 앞에서 눈물을 보이셨다. 나는 그날 이 목사님의 정말 솔직하신 모습을 보면서 아마도 이 목사님은 마지막까지 잘 승리하실 것 같다는 생각이, 아니 확신이 들었다. 그 분의 솔직한 눈물을 보았기 때문이다.

그날 나는 내 인생에서 목회의 큰 울림을 가졌다. 세상 어느 예배에서 느낄 수 없었던 강력한 전율을 느꼈다. 그리고 이런 인생의 큰 선배님이 계셔서 목회자로서 한없이 자랑스럽고 자랑스러웠다. 우리 인생의 부르심은 성공이 아님을 알고 승리를 향한 길임을 안다. 귀한 목사님이 지금도 잘 승리하고 계시고, 마지막까지 그 길을 가실 것을 믿는다.

부끄러움이 무엇인지 알라

언젠가 윤동주 시인의 일대기를 그린 영화 〈동주〉(2016)를 보았다. 영화를 보는 내내 마음 깊이 울림이 있었다. 이 영화의 핵심은 부끄러움이 무엇인지 깨닫게 하는 것이었다. 특히, 이 두 장면이 인상 깊었다.

나라가 어려운 이때 창씨개명까지 하면서 일본 유학을 가는 것이 부끄럽다고 말하는 윤동주에게 그의 스승은 이렇게 이야기한다.

"부끄러움을 아는 건 부끄러운 게 아냐. 부끄러운 걸 모르는 놈들이 더 부끄러운 거지."

또 하나, 영화의 마지막 부분에 일본 순사가 죽음을 앞둔 윤동주 시인에게 반일 학생운동 가담자 명단에 서명하라고 강요하는 장면이 나온다. 하지만 그는 끝내 서명하지 못한다. 그리고 이렇게 말한다.

"당신 말을 들으니까 정말로 부끄러운 생각이 들어서 못하겠습니다. 이런 세상에 태어나서 시를 쓰기를 바라고 시인이 되기를 원했던 게 너무 부끄럽고, 앞장서지 못하고 그림자처럼 따라다니기만 한 게 부끄러워서 서명을 못 하겠습니다."

나는 지금 이 시대에 우리 믿는 자들이 반드시 회복해야 할 것 중 하나가 바로 이렇듯 부끄러움을 아는 마음이고, 이 시대의 목회자들에게 가장 필요한 것 또한 부끄러움을 아는 것이라고 생각한다.

- 내가 하나님의 자녀로서 부끄러운 일은 무엇인가?
- 내가 예수를 믿는다고 말하면서 직장에서 부끄러워해야 할 것은 무엇인가?

• 내가 하나님을 믿는다고 하면서 정말 이 시대 앞에서 부끄러운 점
  은 없는가?

자녀를 좋은 대학에 보내지 못하거나 용돈을 충분히 주지
못하는 것을 부끄러워하는 사람이 많다. 그러나 정작 부끄러
워해야 할 것은 올바른 신앙생활을 가르치지 못한 것, 제대로
된 기도 생활을 보여주지 못한 것이다.
주님의 길을 따르는 성도로서 승리가 아닌 세상의 성공만을
좇아갔던 것을 부끄러워할 줄 알아야 한다. 지금 진정 부끄러
움을 아는 사람이 마지막 날 주님 앞에 섰을 때 정말 부끄럽지
않을 수 있기 때문이다.

되어짐과 다워짐

교회 사역을 시작하면서 삶의 키워드로 품고 있는 단어 중에
'되어짐'과 '다워짐'이 있다. 신앙의 성숙이라는 것도 결국 '되는
것'에서 '다워짐'으로 나아가는 것이라고 생각한다. 어떤 면에
서, 되는 것은 상대적으로 쉽다. 그러나 정작 그것다워지는 것
은 결코 쉬운 일이 아니다.
예를 들어, 남편이 되기는 쉽다. 남자는 결혼만 하면 남편이

된다. 그런데 정말 믿음직한 남편다워지기까지는 많은 시간이 걸린다. 아버지가 되기는 쉽다. 결혼하고 아이를 낳으면 아버지가 된다. 그렇지만 참된 부모가 되어서 아버지다워지기란 결코 쉬운 일이 아니다.

목회자도 마찬가지다. 목사가 되기는 쉽다. 목사가 되기 위해 일정한 시간을 지나면 된다. 그러나 목사다워지는 것은 그냥 시간이 간다고 되는 것이 아니다.

목사 안수를 받은 지 20년이 되었다. 종종 나 자신에게 '나는 정말 목사다워져 가고 있는가?'를 질문하곤 한다. 나의 목회 여정은 목사가 되는 것이 아니라 목사다워지기 위한 싸움인 것을 안다. 내 평생의 싸움은 목사가 되는 것이 아니라 목사다운 목사가 되는 싸움이다.

마찬가지로 성도 역시 성도가 되는 것이 아니라 성도다운 성도가 되는 것을 목표로 삼아야 한다. 그리스도인이 되는 것만이 아니라 그리스도인다워지는 것이 목표가 되어야 한다.

'노블레스 오블리주'(Noblesse Oblige)라는 말이 있다. 이는 사회적 지위에 상응하는 도덕적 책임을 의미한다. 그리스도인에게도 영적인 노블레스 오블리주가 있다. 우리는 주님으로부터 은혜로 구원을 받았다. 하지만 그 구원에는 반드시 책임이 따른다. 은혜가 진정한 은혜가 되려면 그 은혜가 지닌 의미와 그 은혜의 무게를 깊이 깨달아야 한다.

학창 시절, 한번은 누군가로부터 장학금을 지원받은 적이 있다. 거저 받은 것이었지만, 그 은혜의 의미를 온전히 깨닫게 되었을 때 내 삶과 태도가 달라졌다.

우리 모두 십자가의 은혜로 구원받았다. 그러나 십자가의 구원이 진정한 은혜가 되려면 그에 따르는 영적 책임감을 깊이 인식해야 한다. 진정 하나님의 은혜를 아는 사람이라면, 성도는 단순히 성도로 머물러서는 안 된다. 성도다운 성도를 향해 나아가야 한다.

그리스도인이 되어 천국에 가는 것만으로 결코 만족할 수 없다. 참된 그리스도인은 '그리스도인다움'을 향한 싸움에 응전하게 되며, 이를 위해 분투하는 삶을 살아가게 되어 있다고 믿는다.

한번은 유튜브에서 한 교회의 집사이자 병원 원장이셨던 분의 간증을 듣게 되었다. 이분은 코로나가 발생했을 때 가장 먼저 자원해서 대구로 내려갔고, 코로나에 걸린 대구 시민들을 최선을 다해 돌본 분이다.

사회자가 코로나가 무섭지 않았냐고 질문하자 자신도 코로나에 대한 두려움이 있었던 게 사실이지만, 하나님께서 자신을 의사로 불러주셨고 대구의 환자들이 의사를 필요로 하기 때문에 그 현장으로 갈 수밖에 없었다고 대답했다.

참 감동이 되었다. 의사이면서 정말 의사다운 삶이다. 우리에게 '무엇이 되는' 삶도 참 중요하지만 '무엇다워지는' 삶이 더 중요하다. 성도다운 삶, 목회자다운 삶, 그리스도인다운 삶이 꼭 필요한 시대다.

경기하는 자가 법대로 경기하지 아니하면 승리자의 관을 얻지 못할 것이며 딤후 2:5

사역자 아닌
예배자로 살라

일꾼인가 예배자인가

지구촌교회에 있을 때 영적 위기가 왔다고 생각한 적이 있다. 그때 나는 예배 시작 전에는 성도들을 안내하고, 설교 시간이 되면 잠시 자리에 앉아 있다가 축도 전에 다시 나가서 예배 마치고 나오는 분들을 안내했다.

예배 시간에 습관적으로 행동하면서도 내가 영적으로 아무 위기의식을 느끼지 못하고 있었다는 점은 큰 문제였다. 신앙생활에서 가장 큰 위험 중 하나가 매너리즘이다. 아무 생각 없이 습관대로, 그저 예배를 위한 예배를 드리는 것이다.

예배는 단순히 보는 것이 아니다. 예배는 우리 자신을 하나님께 드리는 것이다. 그러므로 예배에는 반드시 우리의 희생과 헌신이 필요하다. 성경에서 "새 노래로 여호와께 노래하라"라는 말씀은 단순히 새로운 가사, 새로운 곡을 의미하는 게 아니다. 더 중요한 것은 새로운 마음이다.

　나는 우리가 예배할 때 꼭 점검해야 한다고 생각한다.

　• 내가 드리는 예배에는 정말 나의 마음이 담겨 있는가?
　• 내가 드리는 기도에는 나의 진심이 담겨 있는가?
　• 나는 정말 마음을 다해 전심으로 찬양하고 있는가?

　사역 초기에는 정말 예배에 최선을 다하려고 애썼다. 그러나 시간이 지나면서 나도 모르게 매너리즘에 빠진 것을 발견했다. 다른 목회자들은 어떨지 모르지만, 어느덧 나 자신이 점점 더 쉽게 예배를 드리려는 모습을 보게 되었다.

　솔직히 말하면, 예배를 그저 때우려는 태도가 보였다. 그때, 영적인 위기의식을 깊이 느꼈다. 목회자임에도 불구하고, 신앙적 편의주의에 빠져 쉽게 예배하고 편하게 예배하려는 내 모습을 보게 되었다.

　주님은 이 땅에서 열심히 일하는 사람보다 그분의 얼굴을 전심으로 구하는 예배자를 원하신다. 그러나 당시 나는 이러한 영적 원리를 많이 잊고 있었다. 나는 그저 일을 잘하는 목사, 일 잘하는 사역자가 되기만 하면 충분하다고 생각했다. 그것이면 문제가 없을 것이라 믿었다.

아니었다. 어느덧 주님과 멀어지는 나 자신을 발견했다. 교회 안에서 주님의 일을 하면서도 주님과 전혀 상관없는 사람이 될 수 있음을 처음으로 느꼈다. 그날부터 '초심으로 돌아가자!' 하고 다시 다짐했다.

그러기 위해 내가 온전히 드릴 수 있는 예배를 따로 드렸다. 부목사라서 주일예배 중 한 예배는 사회로 섬겨야 했는데 솔직히 내가 사회로 섬기는 예배는 집중이 되지 않았다. 사회와 같이 기능적인 일을 감당할 때는 주님 한 분보다는 다른 것을 생각하고 신경 쓰게 되고, 주님만을 온전히 바라보는 예배를 드리기는 힘들었다. 그래서 영적으로 살기 위해서 오전 6시에 드리는 주일 1부 예배를 따로 드렸다.

사람들의 관점에 따라 다르게 느낄 수는 있겠지만, 나는 개척 이후 사역자에게 크게 관여하지 않는 편이다. 가능하면 자발적으로 하기 원한다. 사역자가 꼭 윗사람이 지적해야 바르게 일한다면 그 사역자의 수명은 오래가지 못한다고 생각한다.

그렇지만 하나는 꼭 지적한다. 바로 예배다. 우리 교회는 예배가 시작되면 전체 사역자가 하던 일을 내려놓고 예배에 들어간다. 이 부분은 엄격히 지적한다. 사역자가 일하다 보면 열외의식이 생긴다. 예배도 그래도 되는 것처럼 생각할 때가 있다. 아니다. 절대 아니다.

우리는 일 잘하는 worker(사역자)가 아니라 주님만을 예배하는 worshiper(예배자)로 살아야 한다. 그래야 주님이 일하시고 역사하신다. 이 부분을 나는 사역자들에게 자주 이야기하며, 우리의 메시지는 우리의 삶이라는 메신저와 분리되지 않아야 한다고 거듭 강조한다.

성령보다 기도보다 앞서지 말라

교회 사역을 하면서, 내가 기도하지 않고도 얼마든지 설교를 할 수 있다는 것을 깨닫고 깜짝 놀란 적이 있다. 설교를 준비하는 동안 바쁜 일정 때문에 기도를 전혀 하지 못했는데도 강단에 섰을 때 설교가 되었고 심지어 너무 잘되었던 것이다.

다행스러운 게 아니라 '이게 어떻게 된 일이지?' 하고 오히려 당황스러웠다. 그리고 그때가 내 위기라고 생각했다. 내가 기도하지 않고도 무릎 꿇지 않고도 설교가 되었던 날, 나는 나자신이 무서웠다. 이런 유혹에 내가 넘어질까 무서웠다. 그때부터 기도했다.

"주님, 제가 성령보다 말씀보다 기도보다 앞서지 않게 하옵소서."

나는 지금도 나 자신이 가장 두렵다. 겉으로는 경건한 척하지만, 그 안에 경건의 능력을 잃어버릴까 무섭다.

목회에서 가장 힘든 것은 나 자신을 목회하는 일이라고 생각한다. 다른 사람들을 목회하는 것보다 나 한 사람을 목회하는 게 가장 힘든 일이다. 기도를 해보면 기도하기 힘들어하는 나 자신을 발견하게 되고, 순종을 해보면 순종하기 어려워하는 나 자신을 가장 먼저 발견하기 때문이다.

주님이 내게 맡기신 목양의 영역을 앞으로도 나는 최선을 다해서 감당하겠지만, 진정한 소원은 '나 자신'을 잘 목회하는 사람이 되는 것이다.

'내가 말씀 앞에 깨어 있는가?'

'나 자신이 기도에 깨어 있는가?'

'나는 설교자가 되기 이전에 예배자가 되어 있는가?'

이 시대의 목회자를 생각할 때 머리 깎인 삼손의 모습이 떠오를 때가 많다. 하나님이 주신 달란트를 소홀히 대함으로 자신의 능력을 잃어버린 삼손의 모습이 이 시대 목회자들 속에서 많이 보인다. 다시 본질로 돌아가야 한다고 생각한다. 다시 초심으로 돌아가야 한다.

우리가 회복해야 할 것은 경건의 모양이 아니라 경건의 능력임을 믿는다. 그것이 회복될 때 주님께서 새로운 기름부으심을 허락해주실 것이다. 성령보다 앞서지 말아야 한다. 기도보다,

말씀보다 앞서지 말아야 한다. 그래야 산다. 그래야 기름부으심이 있다.

아버지께 참되게 예배하는 자들은 영과 진리로 예배할 때가 오나니 곧 이 때라 아버지께서는 자기에게 이렇게 예배하는 자들을 찾으시느니라 하나님은 영이시니 예배하는 자가 영과 진리로 예배할지니라 요 4:23,24

'한 가지'를
구하며 살라

내가 여호와께 바라는 한 가지 일

나는 다윗의 마음을 좋아한다. 시편에서 그가 하나님 앞에 구하는 일 한 가지를 보게 된다. 여호와의 아름다움을 바라보며 그분의 성전에서 사모하는 그것이다.

> 내가 여호와께 바라는 한 가지 일 그것을 구하리니 곧 내가 내 평생에 여호와의 집에 살면서 여호와의 아름다움을 바라보며 그의 성전에서 사모하는 그것이라 시 27:4

나는 지금도 주님의 임재에 대한 목마름이 있다. 예배당의 크고 작음에 관계없이 우리 교회를 찾은 성도들의 머리 위에 주님의 임재가 있기를 기도한다.

성전 건축을 하고 난 후, 성도의 수가 갑자기 늘어났다. 한 달에 40-50명의 새 교우가 등록했다. 숫자적인 성장을 이루는 모습이 눈에 보일 때에 주님의 음성이 들렸다. 지금이 우리 교회가 더욱 힘써 기도해야 하는 때임을 알려주셨다.

주님 앞에 터지지 않는 기도 때문에 답답해하며 기도에 대한 큰 부담을 안고 기도하던 중에 주님께서 무릎을 꿇고 기도하라고 말씀해주셨다. 개척의 시간에 주셨던 말씀이 다시 생각났다.

나는 그 자리에서 무릎을 꿇었다. 주님은 계속 교회를 위해 기도하기를 원하셨다.

"주님, 우리 교회에 무엇을 원하십니까?"

"교회의 부흥을 위해서 기도하라."

"주님! 우리 교회는 이미 부흥하고 있는데요?"

"이건 성장이지 부흥이 아니다. 부흥을 위해서 기도하라."

그렇게 주님께서 주시는 새로운 부흥의 은혜를 위해서 기도했다.

오랜 시간 기도를 마치고 예배당을 나오다가 깜짝 놀랐다. 아내도 자신의 자리에서 내려와서 무릎 꿇고 기도하고 있었기 때문이다.

나는 내가 바닥에 무릎을 꿇고 기도하는 모습을 보고 아내도 그렇게 따라서 기도한 줄 알았는데 나중에 들어보니 주님께서 아내에게 직접 그 부담을 주셔서 의자에서 내려와 무릎 꿇

고 기도했다고 했다. 동일한 성령께서 일하고 계셨음을 깨닫게
되었다.

어노인팅(Anointing) 기도회

입당 후 우리 교회가 가장 먼저 해야 할 일이 무엇일까 생각
했다. 중요한 것은 사람 수가 늘어나는 것이 아니라 성도들의
영혼에 영적 부흥이 일어나는 것이다. 주님께 말씀드렸다.

"주님, 어떻게 하면 될까요? 우리가 일주일을 집중적으로 기
도하면 될까요?"

"……"

아무 말씀이 없으셨다.

"주님, 두 주간 기도하면 될까요?"

역시 아무 말씀이 없으셨다.

"그럼 주님, 3주간, 아니면 4주간 기도할까요?"

그때 주님께서 기뻐하심을 느낄 수 있었다. 하나님께서 반
드시 긴 기도를 좋아하신다고 생각하지는 않지만, 주님은 우
리의 기도 속에 그분을 향한 헌신의 마음이 담기기를 원하신다
는 생각이 들었다.

당시 우리 사역자들은 저녁 기도회를 마친 후 다시 새벽예배

를 인도해야 했다. 4주라는 시간은 결코 짧지 않았고, 쉬운 기간도 아니었다. 나는 우리 사역자들과 이러한 영적인 부담을 함께 나누며, 주님께 드릴 수 있는 최선의 헌신을 드려보자고 제안했다. 감사하게도, 모두가 적극적으로 동의하며 기도의 자리에서 함께 섬기기로 결단했다.

교회가 개척된 후 처음으로 저녁기도회를 시작했다. 어떤 외부 강사도 없이 4주간을 강행군하였다. 나와 사역자들은 새벽기도도 병행했기 때문에 정말 쉽지 않은 시간이었다.

특히 이번 기도회는 몇 명이 참여하는지 상관하지 않고, 내부의 사역에 영향받지 않고 그저 기도에 집중하겠다고 마음먹었다. 광고할 때도 정말 기도의 필요성을 느끼는 분들만 오시라고 말씀드렸다. 주위의 시선, 사람들의 강요가 아닌 그야말로 자발적인 기도회였다.

첫날 기도회가 진행되면서 생각보다 정말 많은 분이 참석하셔서 깜짝 놀랐다. 그 열기는 정말 대단했다. 기도에 대한 성도들의 목마름을 보았다. 끝까지 잘 진행될 수 있을까 생각했던 기도회는 흔들림 없이 4주간을 완주하였다.

나는 이 기도회를 '어노인팅(anointing) 기도회'라고 이름 지었는데 이름대로 성령께서 기름을 부어주셨다. 기도회 가운데 영적으로 막혔던 분들의 기도가 터져 나왔고, 영적으로 갈급했던 분들의 갈증이 채워지기 시작했다.

자연스럽게 기도의 응답도 쏟아져 나왔다. 자녀 문제, 재정 문제, 건강 문제 등 가정의 여러 어려움이 해결되는 기도의 역사가 일어났다. 개인적인 질병의 치유나 회복의 간증도 여기저기서 들려왔다.

그리고 교회는 영적으로 다시 한번 성장했다. 입당 이후 규모만 커진 것이 아니라 영적인 지경이 더 확장되는 것을 느낄 수 있었다.

영적인 지경이 넓어졌음을 가장 먼저 체감한 것은 기도를 통해서였다. 성도들의 '기도의 호흡'이 달라진 것을 느꼈다. 이전에는 짧은 통성기도가 주를 이루었고, 기도의 흐름이 길지 못했다. 그러나 이 기도를 시작하면서 성도들의 기도 소리가 확연히 달라졌다.

한 번 시작된 기도는 사회자가 멈추고 새로운 기도 제목을 제시하기 전까지 멈추지 않았다. 의도하지 않았음에도 곳곳에서 방언 기도가 흘러나왔고, 영적 전쟁을 위한 강력한 기도가 터져 나왔다.

무엇보다도, 성도들 사이에서 중보기도의 마음이 깊어지는 것을 느낄 수 있었다. 개인적인 기도에 머물지 않고, 서로를 위해 간절히 중보하는 분위기가 자연스럽게 형성되었다. 하나님께서 기도의 지경을 넓히시고, 교회를 더욱 깊은 기도의 자리로 이끌어 가고 계심을 분명히 느낄 수 있었다.

　나는 지금도 주님의 임재하심을 사모한다. 다윗이 구했던 그 한 가지를 구하고 싶다. 이천 년 역사 속에 성령의 기름부으심을 받는 비급(祕笈, 사전적 의미로는 '가장 소중하게 보관되는 책'이지만, 무협소설에서는 무공이 적혀 비밀스럽게 전해지는 물건을 의미한다) 같은 것은 따로 없다. 엎드릴 때 주님이 은혜를 주시고, 성령의 기름을 부어주신다.

　이 땅에 있는 주님의 교회들이 이 한 가지 일, 주님의 성전을 사모하며 주님의 임재를 구하는 일에 전심을 쏟을 수 있기를 기도하고 또 기도한다.

민감할 때 민감하고
둔감할 때 둔감하라

무엇에 민감한가?

개척하고 나니 이상하게도, 부목사 때는 별로 신경이 쓰이지 않던 것들이 민감하게 다가왔다. 전에는 성도가 3만 명인 대형 교회에 있었기 때문에 제직회 때나 잠시 쳐다볼 뿐이지 전혀 신경도 쓰지 않은 부분이었는데, 막상 개척하고 담임목사가 되고 보니 주일 성도들이 몇 명이나 오셨는지, 이번 주 주일 헌금이 얼마나 되는가가 민감하게 보였다. 어느 날 이 말씀이 내 영혼 속에 박히게 되었다.

"민감할 때 민감하고 둔감할 때 둔감하자."

교회를 개척할 당시, 이찬수 목사님의 설교 중에 들은 문장이었다. 마음에 남긴 했어도 막상 개척을 시작할 당시에는 그 의미를 잘 몰랐는데, 개척하고 좀 시간이 지난 후 이 문장의 의미를 새롭게 깨닫게 되었다.

내가 정말 민감해야 할 부분은 주님의 임재하심이었다. 말씀에 민감하고 기도에 민감해야 했다. 하지만 개척 초기를 돌아보면 자꾸만 민감하지 않아야 할 부분에 더 민감하고 정말 민감해야 할 부분에는 너무 둔감했던 것을 보게 된다.

개척할 때는 상가를 인테리어하고 교회 공간을 준비하는 것이 어렵다고 생각했다. 어떻게 전도하고 어떻게 설교하고, 이런 부분이 어렵다고 생각했다.

물론 어려운 것은 사실이다. 하지만 목회를 할수록 나 자신을 목회하는 것이야말로 정말 어렵다고 느껴진다. 내가 정말 주님의 임재 앞에 깨어 있는가? 내가 정말 말씀 앞에 깨어 있는가? 이것을 점검하고 살아가는 것이 훨씬 더 어려운 일이다.

나는 앞으로도 나 자신을 목회하는 것을 1순위로 두려고 한다. 담임목사인 내가 오늘도 정말 주님과 동행하고 있는지, 성도들에게 전할 그 말씀을 나 자신에게 설교하고 있는지를 점검하며 살아가고 싶다.

성경에서 바리새인을 책망하셨던 예수님을 본다. 바리새인의 문제가 무엇인가? 민감할 때 민감하지 못하고 오히려 좀 둔감해도 될 문제에 너무 민감한 것이었다. 다른 사람들을 잘 가르치려고 하면서 정작 중요한 자신의 목회를 실패한 사람이 그들이다.

정말 잘 분별해야 한다고 생각한다. 우리가 민감할 때 민감하지 못하면 주님에게 외면받는 이 시대의 바리새인이 될 수 있기 때문이다.

축복과 사명의 차이

안식월에 '제주 한 달 살기'를 하면서 거기서 드린 한 예배를 잊을 수가 없다. 주일예배를 드리러 어떤 교회에 갔는데 3명이 예배드리고 있었다. 사회는 목사님, 반주자는 사모님, 그리고 학생 한 명이었다. 혹시 목사님의 따님이 아닐까 생각했는데, 맞았다.

예배가 시작되고 30분 동안 찬양을 계속했다. 생각보다 길었던 30분 찬양 후에 성도님 한 분이 오셨다. 나는 그때 그 목사님의 표정을 잊을 수가 없다. 그때 내게 이런 질문을 해보았다.

'내게 한 영혼에 대한 이 마음이 있는가?'

그날 내가 참 많이 부끄러웠다. 민감해야 할 것은 한 영혼인데 그렇지 못한 마음이 느껴졌다. 최근에 교회가 성장하고 성도가 많아지면서 자꾸 숫자에는 민감한데 영혼에 민감하지 못한 내가 보였다.

목회자가 민감해야 할 것은 말씀과 기도인데 자꾸만 사람들의 인정과 평가에 민감했음이 보였다. 그래서 칭찬의 말 한마디에 내 마음이 널뛰기하는 것을 보았다.

사실 애써 외면했지만, 주님은 내가 어디에 민감했는지, 무엇에 민감했는지를 알게 하셨다. 그리고 더 중요한 것을 깨닫게 하셨다. 지금 누리는 이 축복이 나만의 축복이 아니라 내가 감당해야 할 사명임을 알게 해주신 것이다.

제주에서의 이 예배가 내 영혼에 많은 것을 새롭게 일깨워 주었다. 그때, 묵상했던 시 하나가 생각이 났다. 나는 교회를 이전하면서 대부분의 물건은 놓고 왔지만 잊지 않고 가져온 액자가 하나 있다. 바로 〈축복과 사명의 차이〉라는 시가 담긴 액자다.

이 시의 내용이 내게 참 큰 울림이 되었는데, 무엇보다 지금 내가 누리고 있는 이 축복이 나만을 위한 것이 아니라 또 다른 내일을 위한 사명이라는 것을 알게 해주고, 지금의 축복은 반드시 다른 분들에게 사랑의 빚으로 남아있음을 알게 해준 시다. 여섯 연으로 이루어진 시 가운데 2,5,6연을 독자 여러분에게 소개하고자 한다.

축복과 사명의 차이

곰팡이 냄새나는 지하 교회
서너 명 교인이 전부인 셋방 교회에서
월세 내는 날을 두려워하는
미자립 교회가
존재하는 한
더 이상 예쁜 건물은 축복이 아니다.
부담이다. 사명이다.

평생 한 번도
설교 요청을 받아보지 못하고
부흥회 한번 해보지 못한 동역자가 있는 한
더 이상 부흥회를 인도한다는 것은 자랑이 아니다.
두려움이다. 빚을 지고 살아왔다.
이 빚을 갚기 위해
뼈를 깎아 보석을 만들고
훈련과 성실로 내 영혼을 맑게 헹궈야 한다.

사랑하는 이를 잃고

가슴 아파 울고 있는 교우가 있는 한

더 이상 내 자식이 건강하게 자라는 게 복이 아니다.

남들보다 앞서고, 칭찬거리가 많은 게 자랑이 아니다.

입 다물고 겸손히 그분의 은혜를 기억해야 할 일이다.

_정학진, 《나무는 꼿꼿이 선 채 임종을 맞는다》(창조문예사, 2009), p.158.

인도하시는 하나님을
온전히 신뢰하라

전혀 생각지 못한 일

신학교에 진학할 때의 일이다. 아버지께서 신학을 반대하셨기에 어쩔 수 없이 전기 대학(당시에는 학력고사가 전기·후기로 나뉘어 있었다)에는 일반대학을 지원했고, 떨어지고 나서야 후기로 신학대학교에 지원하게 되었다.

전기 입시만 준비한 터라 후기 시험은 완전히 무방비 상태였지만 어렵게 얻어낸 허락이었기에 이번에 반드시 합격해야만 했다. 그렇지 않으면 신학교 진학이 불가능한 상황이었다.

한동안 손 놓았던 공부를 다시 시작하는 일은 생각보다 쉽지 않았다. 그런데 기도하며 입시를 치르러 간 날, 정말 예상하지 못한 일이 일어났다. 한 신학대학교에서 시험지 유출 사건이 발생해 시험이 전면 중지되고 20일 뒤로 연기된 것이다. 그날이 바로 1992년 1월 22일이었다.

당시 정황을 모두 알지는 못했지만, 내게는 뜻밖에도 20일이라는 소중한 시간이 생긴 셈이었다. 그 시간에 그동안 준비하지 못했던 부분들을 보완하며 차근히 한국침례신학대를 준비해 후기 입시를 잘 치를 수 있었다. 지금 생각해도 어떻게 그런 일이 일어났는지 놀라울 뿐이다.

하지만 더 큰 고비가 남아있었다. 신학교에서는 시험 성적도 중요하지만, 그보다 더 중요한 것이 면접이다. 아무리 시험을 잘 봐도 면접에서 불합격하면 입학이 불가능했다.

면접 당일, 대기실에서 차례를 기다리는데 바로 앞에서 면접을 본 자매가 울면서 나왔다. 순간 긴장감이 확 밀려왔고, 무슨 대답을 해야 할지 마음이 복잡해졌다.

면접장에는 두 분의 교수님이 앉아 계셨는데 그중 한 분은 나이가 지긋하시고 두루마기를 입고 계셨다. 나중에 알고 보니 학교에서 가장 엄격하기로 소문난 교수님이셨다.

예상대로 몇 가지 기본적인 질문이 이어졌고, 곧 신학교에 왜 지원했는지, 전기 대학은 어디를 쳤는지 물으셨다. 나는 어느 대학에 지원했다가 떨어졌다고 솔직히 말씀드렸다. 그러자 교수님은 단호하게 말씀하셨다.

"우리 학교는 다른 데 떨어져서 성적 안 돼서 오는 학교가 아니에요. 자, 나가보세요."

순간 당황해 머릿속이 하얘졌다. 앞서 울면서 나간 자매의 얼굴이 떠올랐다. 하지만 물러설 수 없어서 그 자리에 무릎을 꿇고 말했다.

"교수님, 저는 이번에 떨어지면 내년에 또 오겠습니다. 하지만 저는 소명과 부르심이 분명합니다. 하나님의 시간을 더 이상 낭비하고 싶지 않습니다."

말을 마친 후, 한동안 침묵이 흘렀다. 그리고 교수님은 조용히 말씀하셨다.

"자, 나가보세요."

그 말을 듣고 떨어진 줄 알았는데 감사하게도 며칠 뒤 합격통지를 받았다. 후에 듣기로는, 학교 역사상 면접을 보던 학생이 무릎을 꿇은 일은 처음이었다고 한다. 교수님은 다른 분들의 반대에도 불구하고 "이 학생, 한번 붙여봅시다"라고 말씀하셨다고 한다. 지금은 소천하셨지만, 나의 소중한 영적 스승이 되어주셨다.

돌이켜 생각해보면 참으로 놀라운 일이 아닐 수 없다. 전례없는 시험 일정 연기도 그렇고, 떨어질 수밖에 없던 면접의 상황 속에서 하나님은 정확한 타이밍에 사람을 만나게 하시고 길을 열어주셨다.

그 일이 아니었다면, 아마 신학교의 여정을 끝까지 버티기

힘들었을지도 모른다. 지금도 그때를 떠올릴 때마다 하나님의
섬세한 섭리하심에 감사하고 또 감사할 뿐이다.

익숙한 절망, 불편한 희망

코로나 시기에 제목이 내 머릿속에 각인된 책이 하나 있다.
〈이코노미스트〉지의 한국 특파원으로 근무했던 다니엘 튜더의
《익숙한 절망 불편한 희망》(Democracy Delayed)이다. 이 책은
어쩌면 코로나뿐만 아니라 지금의 한국 사회를 가장 잘 묘사
하는 책이 아닐까 싶다.

요즘 한국 사회에서 가장 많이 들리는 단어 중 하나가 '절망'
이다. 정치, 경제, 교육 등 모든 분야에서 희망보다는 안 된다
는 이야기만 가득하다. 심지어 교회 안에서도 '절망'이라는 표
현을 자주 듣는다. 이런 현실 속에서는 희망을 이야기하는 것
이 오히려 불편하게 느껴지기도 한다. 그래서 '희망'조차도 '불
편한 희망'이 되어버린다.

사람들은 "사면초가에 빠진 인생은 끝난 인생이다"라고 말
한다. 실제로 인생을 살다 보면 사방이 꽉 막힌 것 같은 사면
초가의 순간을 맞이할 때가 있다. 그리고 많은 사람이 그때를
인생의 끝이라고 생각한다.

그러나 우리 그리스도인들에게는 여전히 한 가지 열린 길이 있다. 바로 하늘 문이다. 하늘 문이 열리면 우리는 새로운 소망을 보게 된다. 이 하늘 문을 여는 열쇠가 바로 기도라고 믿는다.

코로나 시기, 교회 이전을 위한 종교 부지의 매입이 끝나갈 무렵의 일이다. 교회 토지 매입이 이루어지면서 다시 한번 도전 앞에 서게 되었다. 그것은 바로 건축에 대한 도전이었다. 이미 그때 출석 성도가 약 천 명에 육박해 더 미룰 수 없는 시기였다.

주님 앞에 다시 기도했다. 그리고 성도들의 기도가 모이기를 기도했다. 성도들의 기도가 모이기 시작하자, 모두의 마음도 모이기를 기도했다.

무엇보다, 위기는 기회라는 생각이 들었다. 모든 사람이 건축할 수 없다고 할 때 우리의 믿음을 증명해 보일 좋은 기회라고 생각했다.

평소에도 나는 역발상을 좋아한다. 모든 교회가 건축을 주저하고 포기할 때다. 그렇다면 교회 건축을 해야 할 시공사는 오히려 건축을 하고 싶어할 것이다. 이렇게 본다면, 이때만큼 교회를 건축하기에 좋은 시기는 없다고 생각했다.

교회 건축을 하면서 시공사의 중요성을 정말 많이 들었고, 교회 건축의 9할은 어떤 시공사를 선정하는가에 달렸다고 생각했다. 정말 이 부분을 위해서 주님 앞에 많이 기도했다.

그러는 가운데 몇 개의 업체로 좁혀졌고 공개 입찰을 통해서 최종 6개 업체로 정리되었다. 1순위에 선정된 업체는 경험도 많고 가격 면에서도 우위에 있었다. 건축 위원들도 이 업체가 시공해야 하지 않을까 생각하고 있었다.

그런데 제출된 금액만 보고 결정하기보다 실제 건축 현장을 직접 방문해서 보자는 제안이 나왔다. 현장에서 직접 관계자들의 이야기를 들어본 후 결정하는 것이 좋겠다는 의견도 있었다. 모두가 그 제안에 동의했다.

거기에, 이왕 시작한 김에 시공사가 소속된 건축회사도 방문해 보자는 의견이 더해졌다. 단순히 건축 현장만 확인하는 것이 아니라 그 회사의 분위기와 경영 마인드까지 살펴보자는 취지였다. 다소 시간이 걸리고 많은 에너지가 소요될 수 있는 일이었지만, 건축 위원들이 한마음으로 동의해주었다.

결국 우리는 직접 회사를 방문해 회사의 운영 방식과 분위기를 살피고, 건축 현장에서 실무자들의 목소리를 들으며 신중하게 판단하려고 애썼다. 나중에서야 깨달은 것인데, 이 결정이야말로 교회 건축에서 정말 중요한 신의 한 수가 되었다.

우리 걸음을 인도하시는 그분을 신뢰하라

건축 시공사를 선정하던 당시, 나는 건축과 관련된 꿈을 하나 꾸었다. 평소에는 꿈을 꾸어도 잘 기억하지 못했는데, 이상하게도 그 꿈은 너무도 선명하게 기억에 남았다.

꿈속에서 우리는 2순위 업체와 계약을 맺고 있었다. 그 꿈이 단순한 것인지, 아니면 어떤 의미가 있는 것인지 고민이 되었다. 그러나 혹시나 이 꿈이 건축팀의 결정에 영향을 미칠까 염려되어, 아무 말 없이 조용히 지켜보기로 했다.

건축팀에서는 좀 더 신중을 기하기 위해서 공사 현장을 탐방하기로 했다. 최상위권에 있는 업체들을 중심으로 공사 현장을 다녀오고, 실제 시공사가 있는 회사 건물도 탐방하였다. 그런데 탐방 후 건축팀의 분위기가 조금 바뀌었다. 1순위 업체보다 2순위 업체에 더 신뢰가 간다는 것이다.

1순위 업체는 처음에는 낮은 가격을 책정했다가 이후에 상승하는 경우가 많았고 하자 보수 면에서 아쉬움이 남는 부분이 있다고 했다.

2순위 업체는 가격이 다른 회사보다 조금 높게 책정되었으나 건축팀 안에서는 이것이 건축 현실의 적정 가격이라는 의견이 많이 나왔다. 하자 보수 면에서도 매우 성실하다는 이야기가 들렸고, 시공사를 결정하는 최종 브리핑에 시공사 상무님이 우리 교회 건축에 쓰일 외장 벽돌까지 직접 가지고 오면서 열정을 보였다.

그로 인해 결국 2순위였던 업체로 최종 낙찰이 되었는데 그 2순위 업체가 내가 꿈에서 보았던 바로 그 업체였다. 너무 신기하고 놀라워서 그 꿈 이야기를 나누었더니 건축을 담당하는 부목사님도 그 업체가 확정되는 같은 꿈을 꾸었다고 해 더욱 놀라웠다.

그때 우리 교회 안에 한 성령이 일하고 계심을 느낄 수 있었다. 무엇보다 우리 교회의 길을 주님이 인도하고 계심을 깨닫게 되었다.

우리 교회는 건축하면서 정말 귀한 시공사를 만났다. 나는 건축을 하면서 이렇게 평안하게 지내도 되나 생각될 정도로 참 감사한 업체를 만났다.

일하는 내내 현장도 깨끗하고 이후에 추가공사 비용도 없었다. 무엇보다 공사 현장에서 인부들을 부리기 위해서 하는 험한 말도 거의 들어보지 못했다. 심지어 건축이 끝나고 우리에게 큰 선물까지 주셨다. 이후에 하자 보수는 말할 것도 없다. 참 너무 감사한 일이다.

교회 간판과 관련해서도 주님의 인도하심을 느낀 일이 있다. 하루는 우리 교회 전체 디자인을 담당하는 집사님과 인테리어를 놓고 의논하던 중에 간판 작업을 맡길 업체에 관한 이야기가 나왔다.

집사님은 과거에 함께 일했던, 실력이 뛰어난 사장님과 이번에도 함께 작업할 예정이라며, 마침 그 분을 오늘 만나기로 했다고 말했다. 그런데 그 집사님이 소개한 사장님을 만나고서 나는 깜짝 놀랐다.

그 분은 우리 교회가 개척할 당시 간판 시공을 맡았던 분이었다. 초기 교회 간판과 시트지 시공을 할 때 너무 성실하고 꼼꼼하게 작업해주셔서 나중에 기회가 되면 꼭 다시 부탁하고 싶다고 생각했지만, 이후 연락이 닿지 않아 혹시 다른 업종으로 전업하셨나 싶었다.

그런데 알고 보니 지역을 좀 옮기셔서 연결되지 않았으나 여전히 같은 일을 하고 계셨다. 그렇게 예상치 못한 순간에 교회 건축 현장에서 다시 만나게 되면서 나는 너무 놀랍고도 섬세하신 주님의 인도하심을 깊이 깨닫게 되었다.

우리가 일하면 우리가 일하지만, 우리가 기도하면 주님이 일하신다. 하나님의 기름부으심을 사모하는 사람들은 주님과 함께 크고 놀라운 일을 소망하는 사람이다. 일을 행하는 분은 하나님이시고 그것을 성취해 나가는 분도 하나님이시다.

그분과 동행하는 이 기쁨은 오직 주님과의 동행을 맛본 사람들만이 알 수 있는 기쁨이다. 주님을 사모하라. 그리고 그분과 함께 이룰 크고 놀라운 일을 사모하라.

사람이 마음으로 자기의 길을 계획할지라도 그의 걸음을 인도하시는 이는 여호와시니라 잠 16:9

ANOINTING

6

기름부으심의
인생은
어떻게 구해야
하는가?

하나님의 선한 손의
도움을 구하라

삽이 아닌 포클레인으로 일하는 사람

하나님의 일을 할 때 삽으로 일하는 사람이 있고 포클레인
(Poclain, 유압을 이용하여 기계 삽으로 땅을 파내는 차)으로 일하는 사
람이 있다. 삽으로 일하는 사람은 자신의 힘만으로 일하는 사
람이다. 자기 능력만으로 일하는 사람이다. 그는 자기 능력만
이 전부라고 생각한다.

포클레인으로 일하는 사람은 하나님의 힘과 능력으로 일하
는 사람이다. 그는 크신 하나님의 손을 의지하는 사람이며, 그
큰 손을 의지함을 통해 혼자 힘으로는 도저히 할 수 없는 엄청
난 일을 해내는 사람이다. 나는 이런 놀라운 역사를 건축을 통
해서 보았다.

건축 현장에 작은 포클레인이 와서 열심히 땅을 파고 있었는
데 어느 날 지하에 암반이 나오면서 일이 더디게 진행되었다.

그러자 현장 소장님이 어디에선가 '골리앗'이라고 불리는 대형 포클레인을 빌려왔는데 한 번 퍽하고 땅을 파니 엄청난 양의 흙이 딸려 올라왔다. 나도 모르게 "와!" 하고 탄성이 나왔다.

기름부으심의 인생은 무엇을 어떻게 구하며 살아야 하는가? 우리가 할 수 있는 것도 소중하지만 하나님의 사람은 기도를 통해 하나님의 보좌를 움직이는 법을 배워야 한다. 우리가 기도할 때 그분이 일하심을 경험할 수 있어야 한다.

느헤미야는 무너진 성벽을 52일 만에 재건하였다. 그 영적 비결을 성경은 이렇게 기록하고 있다.

또 왕의 삼림 감독 아삽에게 조서를 내리사 그가 성전에 속한 영문의 문과 성곽과 내가 들어갈 집을 위하여 들보로 쓸 재목을 내게 주게 하옵소서 하매 내 하나님의 선한 손이 나를 도우시므로 왕이 허락하고 느 2:8

느헤미야는 140년 동안 허물어져 있던 예루살렘 성벽을 불과 52일 만에 재건하였다. 기적 같은 일이다. 하나님의 일은 하나님의 손이 도우셔야 한다.

교회 건축을 위해 종교 부지를 매입한 후 첫 번째 LH 납입 금액을 은혜 가운데 납부했는데 6개월 후 코로나 위기가 닥쳤다. 길어야 한두 달 가겠다 싶었는데 코로나가 그렇게 긴 여정이 될 줄은 꿈에도 몰랐다.

결국 우리 교회도 위기를 맞게 되었다. 비대면의 시대, 현장 예배가 금지되고 온라인으로만 예배가 진행되는 상황 속에서 이 문제를 어떻게 해결해야 하는가 생각했다.

여러 가지 악조건이 있었다. 무엇보다 우리는 개척한 지 2년 반밖에 되지 않는 신생 교회라는 점이다. 아직 성도들의 공동체성도 다 갖추어지지 않은 상황에서 너무 큰 위기를 맞게 된 것이다. 납부할 금액도 한 교회가 감당하기에는 너무 힘든 액수였다. 앞으로 잘 성장할 것을 기대하며 계약했지만 전혀 그렇지 못한 상황에 직면했다.

지금에 와서야 이야기하는 것이지만 밤에 잠이 오질 않았다. 담임목사의 무게감이 그대로 느껴지는 시기였다. 왜 그때 그런 결정을 했을까 후회가 되고, 한때는 계약금을 포기하고 종교 부지를 취소하고 싶은 마음도 간절했다. 왜 내게 이런 시련을 주시는지 하나님을 원망하기도 했다.

그런데 어느 날 기도하는 가운데 주님이 믿음을 주셨다.

… 내 하나님의 선한 손이 나를 도우시므로 … 느 2:8

이 말씀이 믿어졌다. 그리고 기도하게 되었다. 놀랍게도, 정말 하나님의 선한 손의 도우심으로 단 한 번의 연체도 없이 코로나 중에 종교 부지 매입을 완료했다. 우리 교회 모든 성도가 다 놀랐다.

심지어 LH에서도 놀랐다. 교회가 감당하지 못할 것에 욕심내지 않았느냐며, 기간 연장 같은 것을 고려해야 하지 않겠느냐고 했는데 주님은 세상 사람들 앞에 교회가 부끄럽지 않게 해주셨다.

그때 주님이 기도 가운데 주셨던 말씀이 생각났는데 눈에서 눈물이 핑 돌았다. 내 인생을 향한 주님의 마음임을 느끼게 되었다. 그저 한없이 주님 앞에서 많이 울었다.

교회를 홍보해 주시는 하나님

지금 우리 교회는 판교 테크노밸리와 같은 동탄 지식산업센터 안에 자리잡고 있다. 지금은 이 또한 하나님의 큰 인도하심이었다고 생각되지만, 처음에 교회 부지를 구입할 때는 몰랐다. 나는 교회가 당연히 아파트 옆에 있어야 하지 않을까 생각했다. 그래야 성도님들이 접근하기 쉬울 것 같았기 때문이다.

그런데 교회가 지식산업센터 오피스 건물 안에 있으니 건축

할 때 단 한 건도 민원 제기가 없었다. 굳이 민원이 있었다면 분진 때문에 차에 먼지가 많으니 세차 한 번 부탁받은 게 전부다. 만약 아파트를 끼고 건축했다면 무수히 많은 민원이 들어왔을 것이다.

하나님이 이곳으로 우리 교회를 인도하셨다고 생각하는 또 하나의 이유는 바로 주차 공간이다. 요즘은 교회 건물 못지않게 중요한 것이 주차장이다. 우리 교회 주변은 주중에는 사람들이 넘쳐나지만, 주말이면 사람들이 거의 없고 비어 있어서 주차 공간이 많이 확보된다.

게다가 감사하게도 교회 바로 앞 한 건물의 주차장을 주일마다 임대해서 쓰게 되었다. 교회도 좋고 건물도 주말 주차 공간을 빌려주어 서로 도움이 되는 상생 구조다. 이 일에는 그 건물을 관리하시는 집사님의 역할이 참 컸다. 주님의 인도하심으로밖에는 설명할 길이 없다.

하나님이 주신 선물이 더 있는데, 하나는 교회 홍보다. 우리 교회 바로 옆으로 경부고속도로가 지나간다. 동탄은 경부고속도로 지하화 계획이 되어 있는 곳인데 그 구간이 2-3킬로미터 이어진 후 지상으로 나오면 감사하게도 바로 우리 교회가 보인다.

그런데 어느 날, 바로 옆에 있던 그 고속도로도 몇 개월 동안 공사를 하더니 옆으로 이동했다. 시에서 공사하면서 지하화한 부분과 교회 옆 공터를 이용해서 공원을 만든다고 했다.

이로써 우리 교회는 두 가지를 덤으로 얻게 되었다. 경부고속도로에서 교회도 잘 보이면서 바로 옆에는 자전거를 타고 다닐 수 있는 도시공원이 조성된 것이다.

인간의 머리로는 생각할 수 없는 은혜이고 감사한 일이다. 이 모든 일 속에 주님의 선한 손이 계셨음을 믿는다. 그리고 기도한다. 앞으로도 주님의 선한 손이 우리 교회를 이끌어 가시기를, 이 글을 읽는 모든 독자의 삶 속에도 주님의 선한 손이 함께하시기를….

> 또 그들에게 하나님의 선한 손이 나를 도우신 일과 왕이 내게 이른 말씀을 전하였더니 그들의 말이 일어나 건축하자 하고 모두 힘을 내어 이 선한 일을 하려 하매 느 2:18

이른 비와 늦은 비의
은혜를 구하라

백성이 너무 많이 가져오므로

나는 사역하면서 꼭 한번 경험해보고 싶은 말씀이 있었다. 바로 구약에서 성막을 건축할 때 이스라엘 백성이 했던 일이다. 모세가 성막 건축을 이야기하자 그들이 너무 많이 가져와서 차고 넘쳤고 그래서 더 이상 가져오지 말라고 한 그 말씀이다.

> 모세에게 말하여 이르되 백성이 너무 많이 가져오므로 여호와께서 명령하신 일에 쓰기에 남음이 있나이다 출 36:5

이 말씀에 대한 소원이 생겼다. 정말 우리 성도들이 기쁨과 감사함으로 성전 건축을 했으면 좋겠고, 성전이 건축되면서 우리의 믿음도 함께 자랐으면 좋겠다고 생각했다. 그런데 정말 주님은 우리 성도들의 믿음이 자라게 하셨고, 놀라운 헌신들을 보게 해주셨다. 지금 생각하면 정말 눈물 나는 헌신이 너무나 많다.

한번은 스리랑카 선교사님이 찾아오셨다. 선교사님은 어머니가 돌아가시면서 약간 유산을 남기셨는데, 처음에는 선교지에 조그마한 땅을 구입해 나중에 아이들을 위해서 뭔가를 좀 할까 생각하셨다고 했다.

그러던 중 우리 교회 예배에 참석하셨다. 설교 중에 건축헌금에 관한 내용은 전혀 없었는데, 주보를 볼 때 마음에 울림이 있어 그 유산을 건축헌금으로 보내셨다. 처음에 일부를 보내셨다가 이튿날 나머지 금액도 전부 다 보내셨다.

어느 날은 우리 교회에 출석하지 않는 한 안수집사님 부부가 찾아오셨다. 남편 되시는 안수집사님은 이미 일선에서는 은퇴하고 소규모 업체에서 일하시는 분이었다.

그분들은 집 근처 텃밭에서 마늘을 농사지으셨는데, 유튜브로 설교를 듣다가 교회 건축 이야기가 나올 때 하나님이 감동을 주셔서 그 수확한 마늘을 팔아 첫 열매를 드린다고 하셨다. 그 귀한 헌금을 받고 그분들 보는 앞에서 참 많이 울었다.

또 한 권사님은 부모님이 본인 몫으로 주신 유산의 일부를 만 원권으로 바꾸어서 쇼핑백에 가득 담아다 전달해주셨다. 권사님이 사시는 형편과 지금 그 분에게 필요한 것이 무엇인지 아는데 주님께 그 마음을 드리는 모습에 목회자로서 또 참 많이 울었던 기억이 난다.

이런 헌금들을 받고 어떻게 딴생각을 할 수 있을까. 이런 눈물의 헌금을 받고 내 욕심과 야망의 불순물을 넣을 수 있으랴. 나는 우리 성도님들이 부족한 담임목사를 다듬고 가르치고 세웠다고 생각한다. 목회자가 좋은 성도를 만들지만 동시에 좋은 성도들이 좋은 목회자를 만든다. 주님께서 건축을 통해 그분들이 드린 눈물의 헌신을 받으셨음을 확신한다.

각자의 자원함으로

교회 건축이 완공되어갈 시기, 교회 건축과 별개로 내부의 성물들은 어떻게 채워야 할지 고민이 되었다. 피아노부터 시작해서 교회 가구나 기타 물품들을 합쳐 보니 상상을 초월하는 금액이 필요했다.

건축 예산에 일부 잡혀 있었지만, 실제 모든 것을 채우기에는 턱없이 부족한 금액이었다. 그래서 이 문제를 놓고 기도할 때 혼자 짐을 다 지지 말고 성도들과 함께 이 부분을 나누라는 말씀을 주셨다. 그저 그 말씀을 믿고 이 부분들을 나누었다.

나는 그동안 건축을 하면서 헌금에 대해서는 거의 이야기하지 않았다. 교회가 건축을 하면 이미 성도들은 자신이 감당해야 할 몫을 생각하신다. 내가 지나온 교회의 성도들이 대부분 다 그러셨다. 그래서 굳이 건축헌금 설교를 할 필요가 없다고 생각했다.

대신 내가 해야 할 일은 이 시기에 은혜를 끼치는 일이라고 생각했다. 헌금은 돈 많은 사람이 아니라 은혜받은 사람이 한다고는 생각한다. 물론 헌금을 위한 목적이 아니지만, 혹시라도 건축 때문에 시험에 드는 성도님들이 없도록 더욱 예배에 집중하며 주님의 은혜를 구했다.

이런 시기를 겪었기에 성도들이 또다시 부담을 떠안는 것이 마음에 걸렸다. 그렇게 하고 싶지 않았다. 그래서 성도들에게 이미 충분히 헌신하셨으니 절대 부담 갖지 말라고 진심을 다해 부탁드렸다. 나중에 대출을 더 받더라도, 진심으로 그러기를 바랐다.

그런데 그때 역사가 일어났다. 거의 모든 성도 가정이 여기에 참여해 우리가 목표한 금액을 훌쩍 넘어버렸다. 나중에는 더하지 않으셔도 된다고 말씀드릴 정도였다. 너무나 감사하고 가슴 뭉클한 순간이었다.

건축하면서 나름대로 꿈꾼 것이 있었다. 성도들이 자원함으로써 모세가 성막을 만들 때 사람들이 너무 많이 가지고 와서 이제 그만 가져오라고 한 그 말씀을 꼭 한번 이루고 싶었다. 사실 한국 교회의 상황에서 이런 것이 가능이나 할까 생각되었지만 주님께 기도했다.

'주님, 이것이 우리 성도들 모두가 기뻐하는 건축이 되게 해 주십시오.'

그런데 그 기도를 주님께서 들으셨다. 정말 많은 분이 동참해서 교회에 필요한 성물들을 채워갔다. 지금 생각해도 너무 가슴이 뛰는 일이다. 참 감사하고 감사해서 혼자 많은 눈물을 흘린 적이 있다. 목회는 어렵다. 하지만 그 목회 가운데 주신 은혜가 더 크기에 그 어려움의 산을 넘을 수 있는 것 같다.

구약성경에 보면 '이른 비'와 '늦은 비'가 있다. 이른 비는 곡식을 파종할 때 내리는 비로, 겨울철의 시작기인 10월에서 11월경에 내리므로 한국과는 반대로 가을비, 또는 겨울비라고도 이야기한다. 늦은 비는 새봄인 3, 4월에 내리는 비로, 마지막 곡식이 영글 때 내리는 비다.

우리 교회의 건축에는 이른 비와 늦은 비의 은혜가 때에 맞게 내렸다. 그 늦은 비가 바로 이 성전 기물에 대한 헌신이다. 이 이른 비와 늦은 비의 은혜로 주님의 교회가 더욱 비옥해졌음은 두말할 필요가 없다.

시온의 자녀들아 너희는 너희 하나님 여호와로 말미암아 기뻐하며

즐거워할지어다 그가 너희를 위하여 비를 내리시되 이른 비를 너희

에게 적당하게 주시리니 이른 비와 늦은 비가 예전과 같을 것이라

욜 2:23

만남의 축복을
구하라

사람이 사람을 만나면 역사가 일어나고

언젠가 라디오 방송을 위해서 마포구 상수동에 있는 극동방송을 방문한 적이 있다. 극동방송 사옥에는 이런 글귀가 적혀 있었다.

"사람이 사람을 만나면 역사가 일어나고
사람이 하나님을 만나면 기적이 일어난다."

인생에서 정말 중요한 것이 만남이다. 어릴 적 어려운 가정에서 자랐더라도 좋은 친구나 멘토와의 만남을 통해서 그 인생은 완전히 역전될 수 있다. 비록 상처와 아픔뿐인 인생이라도 좋은 배우자를 만남이 그에게 놀라운 축복이 되기도 한다. 그만큼 사람이 축복이고 사람이 선물이다.

나는 하나님의 사람과 하나님의 사람이 만나면 반드시 역사가 일어난다고 믿는다. 또한 한 사람이 그 인생 속에서 하나님을 만나면 기적이 탄생한다.

비록 모세는 히브리 노예로 태어났지만 그가 하나님을 만나자 출애굽이라는 놀라운 기적을 이루게 되었다. 겁쟁이에 소심남이었던 기드온이 하나님을 만나자 당시 누구도 감당할 수 없었던 이스라엘 백성의 숙적 미디안을 물리칠 수 있었다. 한 인생이 하나님을 만나면 이런 기적이 일어난다. 그 인생의 기적은 정말 말로 다 표현할 수가 없다.

우리 집 큰딸은 사춘기에 조금 힘든 시간이 있었다. 지금은 너무 예쁘게 잘 성장하고 있지만 그때는 목회자 자녀가 갖는 마음의 짐이 있었던 모양이다. 그래서 부목사인 아빠를 알지 못하는 예배 공동체를 찾아서 도망(?)을 갔다.

그곳이 바로 일본어 예배부였는데 거기서 정말 좋은 분들을 만났다. 그분들과 예배도 드리고 함께 선교도 다녀왔다. 시간이 지난 지금도 한 달에 한 번 정도 목장 모임을 하고 있다. 심지어 지금 그 아이의 전공은 일본어가 되었다.

우리 가정이 한창 개척의 시간을 지나면서 그로 인해 나도 아내도 아이들에게 충분히 신경을 써주지 못하던 시기의 어느 날, 큰딸이 차를 타고 가며 정말 뜻밖의 말을 했다.

"아빠, 정말 아빠가 기도한 대로 하나님께서 내 인생에 정말 좋은 만남의 축복을 주신 거 같아!"

개척 때문에 아이들에게 신경 써주지 못한 미안함이 늘 마음에 있었는데 그 말이 마음속에 뭉클함으로 다가왔다. 좋은 만남을 주신 하나님께 감사했다.

나는 우리 교회를 개척하고 아이들을 축복할 때 늘 이렇게 기도한다.

"주님, 좋은 친구의 복을 주옵소서. 좋은 스승의 복을 주옵소서. 좋은 공동체의 복을 주옵소서."

복된 만남, 평생의 멘토 목사님

내 인생에 참 귀한 만남의 축복 중 하나가 이동원 목사님과의 만남이다. 목사님은 평생의 목회적 멘토 중의 멘토이시다. 목사님이 없었다면 어쩌면 내 모습은 지금과 전혀 달랐을 것이다.

내가 지구촌교회에 첫발을 디딘 것은 1997년으로, 출석할 무렵 IMF가 시작되었다. 매주 전해주시는 메시지를 들으며, 내가 신학생이라는 것도 잊고 눈물 콧물 흘려가며 예배드린 것을 기억한다. 그리고 지구촌교회 정규과정을 들으며 복음 안에서 새롭게 태어나는 기쁨을 맛보기도 하였다.

내가 본 이동원 목사님은 무엇보다 말씀에 신실한 청지기이셨다. 강단에 서실 때 늘 최고의 프로이셨고, 어떤 것과도 양보하지 않고 말씀에 집중하시는 능력은 타의 추종을 불허할 정도다. 예배 때 바닥에 볼펜 떨어지는 소리가 정말 크게 들릴 정도로 예배는 집중 또 집중하는 가운데 드려졌다.

이렇듯 청중을 깨우는 목사님의 설교 이면에는 피나는 노력이 있다는 것을 옆에서 많이 배울 수 있었다. 어디를 가든 연구하고 배우기를 멈추지 않으셨다.

그리고 시대적인 감각은 젊은 우리가 따라가기도 버거울 정도로 빠르셨다. 최신 영화나 드라마 신조어 등 다양한 방면에서 앞서가는 설교자의 모습을 참 많이 보여주셨다. 내 인생에 목사님을 만난 것은 정말 큰 만남의 축복 중 하나다.

목사님은 이렇게 사역적으로도 많은 영향을 주셨지만 삶에서도 정말 큰 영향을 주셨다. 무엇보다 가정의 중요성이다. 어느 날 목회자 모임 때는 이런 이야기를 하셨다.

"목회자는 여러 개의 공으로 저글링을 하는 사람이다. 대부분은 고무공인데 딱 하나 유리로 만든 구슬이 있다. 그 구슬은 깨지면 복원이 어렵다. 그것은 가정이다."

그 말씀에 정신이 번쩍 들었다. 결국 목회자가 자기 가정을 잘 돌보지 않으면 목회도 가정도 힘들 수 있겠다고 느꼈다.

실제로 목사님은 사역자들에게 가정과 관련된 일이면 언제든 그 휴가는 우선적으로 가게 해주셨다. 그때의 가르침이 아니었다면 목회의 정말 중요한 한 축을 놓칠 뻔하였다.

또 하나는 물질과 성적 유혹에 대한 부분이다. 목사님은 물질에 있어서는 알레르기 반응이 있으실 정도로 민감하고 또 민감하셨다. 그래서 거기에 조금이라도 마귀가 틈을 타지 못하도록 애를 많이 쓰셨다. 이 부분은 내가 교회 개척을 시작하면서 사적 영역과 공적 영역을 구별해서 사용하는 데 정말 큰 도움이 되었다.

그리고 목회자의 성적 유혹에 대해서도 참 많이 강조하셨다. 목회자의 순결과 깨끗함이 목회자가 주님께 끝까지 쓰임받는 비결임을 자주 이야기해주셨다.

목사님의 이런 가르침이 있었기에 큰 실수 없이 여기까지 올수 있었던 것 같다. 지금 돌이켜보면 그때가 참으로 감사했고 여전히 그 시절이 참 많이 그립다.

따뜻한 만남, 축복과 격려의 리더십

또 한 분의 복된 만남은 진재혁 목사님이다. 내가 본 진 목사님은 마음이 참 따뜻한 리더십을 가진 분이셨다. 목사님을 통해 사역적으로 많은 것을 배웠지만, 특히 동역자들을 섬기는 마음을 깊이 배울 수 있었다.

진 목사님은 함께하는 동역자들이 성장할 수 있도록 많은 기회를 열어주셨고, 더 넓은 시야를 가질 수 있도록 부목사들을 직접 데리고 미국 교회 탐방을 가이드해 주시기도 했다.

바쁜 일정 속에서도 교회 직원이나 파트타임 전도사님들의 이름을 일일이 외우시고, 꼭 그분들의 이름을 불러주려고 애쓰셨다. 담임목사로서 당연한 일이라 생각할 수도 있지만, 당시 지구촌교회의 사역자와 직원 수가 거의 250명에 가까웠음을 떠올리면 결코 쉬운 일이 아니었다.

그뿐 아니라, 주일 설교 후에도 점심시간에 외부 강사님과의 식사가 없을 때는 가능하면 부목사님들과 함께 식사하는 시간을 가지셨다. 주일에 무려 여섯 번의 설교를 감당하면서도 동역자들과 교제할 시간을 따로 내는 것은 결코 쉽지 않은 일이었다.

어느 날 진재혁 목사님과 함께 심방을 가는데, 목사님이 "박 목사님, 지구촌교회에 거의 20년 있었는데 가장 후회되는 게 뭐예요?"라고 물으셨다.

"아내와 한 번도 외국 여행을 가보지 못한 것입니다. 저는 선교로 많이 갔는데 아내는 국제선 비행기를 아직 한 번도 타

보지 못했습니다."

심방이 끝난 후, 목사님은 내일 당장 휴가 일정을 잡으라고 말씀하셨다. 머뭇거릴 사이도 없이 외국 여행 일정이 잡혔고, 그해 우리 부부는 처음으로 해외여행을 다녀왔다.

일본으로 여행을 떠나는 날, 목사님은 작은 봉투에 금일봉을 주셨다. 그것은 내게 금일봉이 아니라 사랑이었다. 두고두고, 평생을 두고 갚아야 할 은혜라는 생각이 들었다.

목사님은 사역하면서 자주 이런 문구를 보내주셨다.

"I am proud of you(난 네가 자랑스럽다), great job(잘했어, 최고야)."

그 말이 그냥 입술의 말이 아니라 진심이 담긴 축복임을 느낀다. 평생 마음에 남을 축복의 귀한 만남이다.

내 인생에 주신 만남의 축복들

나와 30년 지기인 박길호 목사(송탄중앙침례교회)는 같은 신학교를 졸업하고 비슷한 시기에 지구촌교회에 와서 동고동락한 사이다. 신학생 시절에는 자취도 같이하고, 같은 교회에서 20년 이상을 같이 사역하며 비전을 함께 나누었다.

우리는 밤 11시에 서로 전화를 할 수 있는 사이다. 우리 둘이 너무 자주 전화하고 만나니 한번은 아내가 둘이 사귀느냐고 농담하기도 했다. 이제는 친구의 눈빛만 봐도 무슨 생각을 하고 있는지 알 정도다.

내가 지구촌교회를 내려놓았을 때 다시 지구촌교회로 이끈 사람도 이 친구이고, 그 친구가 지구촌교회를 떠나려고 할 때 끝까지 붙들었던 것도 나였다. 둘이 한 번씩 주고받으며 20년의 세월을 지나왔다.

내가 몸이 아파 안식월을 하고 있을 때 이 친구가 심방을 와주었다. 그리고 차 안에서 내 손을 붙잡고 눈물 콧물을 흘리며 기도해주었는데 친구의 그 눈물을 잊을 수가 없다. 자기가 아픈 것처럼 그렇게 절절하게 기도하는 모습을 보며 아픈 가운데서도 주님께 너무 감사했다.

지금은 서로 다른 교회에서 담임으로 섬기며 새로운 동역의 시간을 이어나가고 있다. 주님께서 남은 평생에 다윗과 요나단의 아름다운 축복을 우리에게 허락하시기를 기도한다.

또 하나의 귀한 만남은 최병락 목사님(강남중앙침례교회)이다. 한 해 선배지만, 늘 큰형님 같은 분이다. 마음이 따뜻하고 정상의 자리에서도 겸손함을 잃지 않는 리더로, 학부 시절부터 신학생 선배로서 영적으로 좋은 본이 되어주셨다.

목사님은 미국에서 세미한 교회를 개척하여 담임목회를 하신 경험이 있다. 그래서 목회에도 좋은 모델이 되어주셨을 뿐만 아니라, 최근 나의 개척과 건축 과정에도 많은 인사이트와 영향을 주셨다. 목회의 여정 속에서 이런 귀한 선배를 만날 수 있었음이 참 감사하다.

지구촌교회에도 잊을 수 없는 만남이 참 많다. 내가 대학부 사역을 맡게 되었을 때, 미국 유학을 준비하다가 나와 함께 동역해달라는 요청을 받고 한걸음에 달려온 최철준 목사(글로벌지구촌교회)도 그중 한 사람이다. 우리는 현재 매년 한 차례씩 서로의 교회를 교차하며 강단교류 설교 사역을 이어가고 있다.

또 한 사람은 후배로, 학부 시절부터 함께 동고동락하며 지구촌교회 대학부 사역을 감당했던 장재기 목사(팔로잉미니스트리)다. 누구보다 열정이 있고 기도에 진심인 그는 최근 《따라하는 기도》 시리즈 도서와 유튜브 채널을 통해 한국 교회에 선한 영향력을 끼치고 있다. 내가 대학부를 담당할 때 이런 귀한 동역자들과 함께할 수 있었다는 것은 내 인생의 큰 특권이었다.

그 외에도 지면에 다 담을 수 없이 수많은 만남의 축복이 있다. 때로는 목회자를 부끄럽게 할 만큼 믿음이 깊은 평신도 동역자들이 있었고, 후배지만 선배를 부끄럽게 할 만큼 뛰어난 목회자들도 있었다. 비록 이 글 안에 다 기록할 수는 없지만,

그분들은 언제나 내 마음속에 담겨 있다. 주님께서 내 인생에 허락하신 보석 같은 하나님의 사람들이다.

내 인생의 브살렐과 오홀리압

귀한 만남은 교회를 개척하면서도 이어졌다. 교회를 개척하면서 평생에 기억에 남는 귀한 만남이 있었는데 우선 귀한 장로님들과의 만남을 말하고 싶다. 하나같이 세상에서도 좋은 리더로 쓰임 받으셨던 분들로, 퇴임 후 새롭게 교회 개척에 뛰어들어서 충성스럽게 섬겨주셨다.

한 장로님은 건축 위원장으로 애써주셨고, 또 한 분은 숫자의 달인이셔서 교회 재정에 대한 부분에 정말 많은 도움을 주셨다. 내 인생에 참으로 잊을 수 없는 큰 만남의 축복이다.

이분들은 교회 어른이시면서도 초기 교회에서 식사가 끝나면 먼저 주방에 들어가 설거지를 도맡아 하셨다. 앞치마를 자연스럽게 두르고 묵묵히 섬기시는 그 모습 자체가 감동이었고, 이후 교회의 섬김이 무엇인지 몸소 보여주시는 아름다운 본이 되었다.

또 하나의 만남은 부목사님과의 만남이다. 나는 교회를 개척하면서 내가 잘 아는 사람만이 아니라 주님이 보내주신 사람을 만나고 싶었다. 이때 만난 사람이 우리 부목사님이다.

이 목사님은 달란트가 나와 다른 부분에 있는데 컴퓨터, 영상 편집, 사진까지 정말 팔방미인이다. 그런 쪽에 문외한인 나에게 그는 정말 주님이 보내주신 선물이다. 교회 개척 시기에는 나의 손과 발이 되어서 뛰어주었고, 우리는 그렇게 한 팀이 되어서 교회를 개척했다.

목사님은 건축할 때도 정말 놀라운 헌신을 보여주었다. 우리는 원래 교회 내에서 건축 경험이 있는 집사님을 선정해 현장 감독으로 위촉하면 좋겠다고 생각했다.

그런데 어느 날 용인의 한 교회 현장을 보고 나서 새로운 생각이 들었다. 아파트 건축이 새롭게 시작되면서 대토를 받아 성전을 건축하는 교회였는데, 그 교회 부목사님이 현장 감독으로 섬기고 계셨다.

그 분은 건축 전공은 아니지만, 누구보다 교회를 잘 알고 있고 담임목사의 의중을 가장 잘 파악하고 있기 때문에 현장 시공사와 이야기할 때도 원활한 소통이 가능했다. 새로운 패러다임의 모습이었고 같이 갔던 건축 위원들도 너무 좋은 방법이라고 이구동성이었다.

문제는 우리 부목사님의 상황이었다. 자녀가 셋이고 그중 막내는 태어난 지 얼마 되지 않은 가정이었다. 건축 현장이란 쉬는 날 없이 매일 출근해야 하는 데다 앞으로 1년 반 동안 쉼 없이 일해야 하는 상황이라 부목사님에게 의중을 묻지 않을 수 없었다.

결국 부목사님은 그 일을 맡아서 하겠다는 결심을 했고, 매일 현장에서 공사 작업 전에 기도로 일을 시작했다. 그 와중에, 편하게 하라고 했던 새벽기도도 거의 빠지지 않고 섬기며 건축에 열심을 다했다.

한번은 부목사님이 건강 검진으로 수면 내시경 검사를 받고 마취가 깰 때 건축에 관련된 이야기를 소리 내어 외쳐서 간호사들이 직업을 궁금해했다는 이야기를 들었다. 그만큼 교회 건축에 집중하고 헌신해주었다.

이런 목사님의 섬김으로 교회와 시공사 간의 사이가 정말 좋은 동역의 관계가 되었다. 지금까지도 생각할 때마다 너무나 감사한 일이 아닐 수 없다.

교회 건축이 막바지에 이르러 본격적으로 인테리어를 해야 할 시기가 되었다. 외형적 구조물을 세우는 것은 시공사가 잘 알아서 하지만 내부를 채우는 일은 전적으로 우리 몫이었다. 이때 브살렐과 오홀리압 같은 하나님의 사람들이 나타났다.

출애굽기에는 하나님의 성막을 세울 때 자신들의 달란트로 귀하게 섬긴 두 인물이 등장한다. 그들이 바로 브살렐과 오홀리압이다. 우리 교회 집사님 중 두 분이, 그리고 나중에 한 분이 더 합류하여 세 분이 그렇게 귀하게 섬겨주셨다.

그중 한 분은 독학으로 홍익대 미대를 마친 분이다. 제자훈련에 들어와서 훈련을 받는 분인데 교회 건축을 하는 동안 새롭게 헌신하셨다. 또 한 분은 은행을 다니다 육아 휴직 중이었는데 쉬는 기간에 거의 건축 현장으로 출근하셨다. 그리고 다른 한 분은 교회 인테리어 일을 하시는 분이었다.

돌아보면 하나님께서 모아주시고 불러주신 것 같다. 그 외에도 수많은 내 인생의 브살렐과 오홀리압으로 인해 감사하고 또 감사하다.

브살렐과 오홀리압과 및 마음이 지혜로운 사람 곧 여호와께서 지혜와 총명을 부으사 성소에 쓸 모든 일을 할 줄 알게 하신 자들은 모두 여호와께서 명령하신 대로 할 것이니라 **출 36:1**

믿음의 말과
믿음의 행동을 구하라

긍정적인 면을 바라볼 수 있는 눈

과거 연애 시절, 지금의 아내가 한번은 내게 "당신은 다 좋은데, 왜 그렇게 삶을 부정적으로 봐요? 똑같은 것을 보는데 왜 항상 비평하고 부정적으로 봐요?"라고 정말 충격적인 말을 했다.

그러면서, 사람이 왜 그렇게 까칠하냐며 당신 주위에 사람이 있느냐고 하는데 '어떻게 그런 말을 하지? 나랑 헤어지자는 건가?'라는 생각이 들 정도였다. 그런데 그때는 몰랐다. 그 말 한 마디가 내 인생을 이렇게 크게 바꿀 줄은.

그러던 어느 날 새벽, 주님이 내 마음을 보여주시고 내 영혼의 심각성을 깨닫게 하셨다. 나는 '하나님이 쓰시는 사람은 정말 어떤 사람인가?'를 질문하기 시작했고, 가나안 정탐의 본문을 탐독하며 여호수아와 갈렙을 관찰했다.

같은 시간, 같은 장소를 보고 왔는데 어떤 사람은 된다고 하고 어떤 사람들은 안 된다고 했다. 이유가 뭘까? 그들의 시선이 달랐다. 10명의 정탐꾼은 보이는 것만 보았다. 하지만 여호수아와 갈렙은 보이는 것 너머에 계시는 하나님의 눈으로 자신의 문제를 볼 줄 알았다.

보이는 것만 보고 이야기하는 것은 쉽다. 비판이나 부정이 좋지 않은 이유는 보이는 것만 보고 이야기하기 때문이다. 그러나 하나님의 사람은 하나님의 눈으로 볼 수 있어야 한다. 지금의 상황, 지금의 문제를 내 눈만이 아닌 하나님의 눈으로 볼 수 있어야 한다. 그냥 눈으로 볼 때는 안되는 것 천지였다가도 하나님의 눈으로 보면 가능성이 보이고 미래가 보인다.

무조건 긍정적이 되라는 말이 아니다. 그냥 우리의 눈으로만 보면 안 되는 것, 할 수 없는 것들뿐이지만 그 문제 너머에 계신 하나님의 눈으로 볼 때 가능성이 보이고 미래가 보인다는 것이다. 이게 영적인 원리다.

사춘기 자녀를 생각하면 아무것도 안 보일 때가 있다. 하지만 그 아이 너머에 계시는 하나님의 눈으로 볼 때 여전히 미래가 있고 가능성이 있는 것이다.

직장과 사업도 마찬가지다. 그냥 눈으로만 보면 경기가 어렵고 사업은 힘들고 안 되는 것 천지지만, 그 문제 너머에 계신 하나님의 눈으로 보면 미래를 볼 수 있고, 희망을 볼 수 있다.

믿음의 사람들에게는 이 눈이 필요하고 이 고백이 필요하다.

주님은 실력보다 고백을 쓰신다

언젠가 어느 선교 현장에서 '땅에 물이 있으면 하늘에도 물이 있는데, 땅에 물이 없으면 하늘에도 물이 없구나'라는 생각이 들었다. 여러 곳을 다녀보았는데 사막은 땅에도 물이 없고 하늘에도 물(구름)이 없지만, 물이 많은 곳은 땅에도 물이 많고 하늘에도 물이 많았다는 사실이 문득 떠오른 것이다.

메마름은 또 다른 메마름을 끌어당기고 풍족함은 또 다른 풍족함의 기인(起因)이 된다. 이것은 영적으로도 하나의 원리가 되는 것 같다. 우리 안에 먼저 은혜와 감사가 있어야 그것이 또 다른 은혜와 감사를 부르고 오게 한다는 것이다.

성경에서도 "너희 구할 것을 감사함으로 하나님께 아뢰라"(빌 4:6)라고 말씀하신다. 염려와 걱정 때문에 기도하는 것이지만, 주님께서 미리 이루실 것을 믿고 미리 감사하라는 것이다. 그 미리 감사함으로 기도할 때 주님께서 우리의 기도에 더욱 분명하게 응답하신다.

주님은 항상 우리, 그리고 나의 고백을 듣고 계신다. 그러므로 성도라면 말 한마디를 해도 믿음의 말을 할 수 있어야 하고, 생각 하나를 해도 믿음의 생각을 할 수 있어야 한다.

우리 교회 건축 현장에는 세 가지의 은혜가 있었다. 3무(三無)의 은혜다.

첫째, 돈이 없었다. 교회가 토지를 구매할 때도 그랬지만 건축을 시작할 당시 재정은 계약금만 겨우 마련된 상태였다. 다행히 은행을 통한 대출이 수월히 이루어져 착공에는 무리가 없었지만, 재정적인 여유는 전혀 없는 상태였다.

둘째, 사고가 없었다. 1년 6개월의 시간을 지나면서 크고 작은 사건 사고 하나 없이 안전하게 진행되었다.

셋째, 불평과 불만이 없었다. 교회가 큰일을 진행하다 보면 이런저런 불평들이 나올 수 있는데, 정말 감사하게도 그런 불평과 불만이 없었다. 현장에서 일하는 분들도 너무 신기하게 생각하신 게 교회 분들이 현장에 오시면 격려와 축복만 해주시지, 누구 하나 토를 다는 사람이 없다는 것이었다.

건축의 시기에 교회 사무총회를 할 때도 박수를 치고 건축팀을 격려하면서 회의를 마쳤다. 나중에 다른 교회에서 오셔서 등록하신 분들이 우리 교회가 건축을 진행하는 교회가 맞느냐고 물어보실 정도였다.

나는 믿는다. 주님이 오늘도 우리의 입술을 보고 계심을. 우리는 입술의 전쟁에서 승리해야 한다. 말 한마디를 해도 믿음의 말을 해야 한다. 주님은 우리의 능력이나 실력을 쓰시는 것이 아니라 우리의 고백을 쓰신다.

부족해도 주님의 손에 들리면 쓰임 받을 수 있음을 믿고 믿음으로 고백하는 그 삶을 사용하신다. 나는 오늘도 우리 성도들의 입술에 믿음의 고백이 있기를 원한다. 말 한마디를 해도 꼭 믿음의 말을 하기를 진심으로 기도한다.

그들에게 이르기를 여호와의 말씀에 내 삶을 두고 맹세하노라 너희 말이 내 귀에 들린 대로 내가 너희에게 행하리니 민 14:28

하나님의 때와 일하심을 구하라

하나님께 먼저 광고해라

지구촌교회에서 사역할 때 들은 이야기다. 여자 집사님 한 분이 미용실 오픈을 준비하고 있었다. 새로 개업한다는 것은 설레는 한편 두렵기도 하다. 어떻게 광고할까 하다가 신문 전단지 광고를 하기로 하고, 어느 신문에 어떻게 얼마나 광고할지 생각했다.

하루는 그 준비 과정을 보고 계시던 어머니가 무엇을 고민하는지 물으셨다. 그래서 "신문에 광고를 하려고 하는데 저도 평소에 신문을 잘 보지 않아서 어떻게 해야 할지 모르겠어요"라고 대답하자, 어머니가 이렇게 말씀하셨다.

"애야, 사람에게 광고할 생각하지 말고 하나님께 광고해라. 하나님께 한 번 제대로 광고하면 끝난다. 너, 그 돈을 신문사에 헌금하지 말고 하나님께 헌금해라."

딸 집사님이 처음에는 엄마는 세상을 잘 몰라서 그렇다고 핀잔했는데 그 말이 자꾸만 생각났다. 결국 기도하고 난 후, 그 광고비 전액을 하나님께 드렸다.

그런데 놀랍게도 사람들이 꼬리에 꼬리를 물고 찾아왔다. 그 집사님 말로는 하나님이 손님들을 빗자루로 쓸어서 다 보내주신 것 같았다고 한다.

2017년 9월에 처음 개척한 후 교회를 어떻게 알릴까 고민하며 노방전도도 하고, 전단지를 돌리고, 전도도 많이 했다. 아파트에 전단지를 돌리다가 잡상인으로 오해받아 경비원 아저씨에게 쫓겨난 적도 참 많았다. 그러다 문득 그 여집사님의 이야기가 생각났다.

'사람에게 홍보하지 말고 하나님께 홍보해라!'

그 말대로 나도 하나님께 홍보하기로 마음먹고 하나님 앞에 참 많이 기도했다. 인생의 중요한 시기에 기도하는 것이 누구에게든 당연하지만, 정말 마음을 다해 주님께 기도했다.

그리고 우리 교회는 하나님께서 주신 돈을 우리가 다 사용하지 않고 먼저 선교하고 나누자는 마음에서, 교회 물품 대부분을 중고로 구입하고 우리 교회가 속한 지방회에 먼저 꽤 많은 금액을 헌금했다. 작다면 작을 수 있지만, 개척하는 교회로서는 엄청나게 큰 금액이었다. 그렇지만 나는 우리 교회의 창립을 가장 먼저 하나님께 알리고 싶었다.

주가 일하시네

그런데 정말 하나님이 우리의 이런 마음을 알아주셔서 정말 기가 막힌 방법으로 역사를 많이 행해주셨다. 교회가 개척하면서 처음 자리잡은 곳은 자차가 아니면 오기 힘든 곳이었다. 그런 곳까지 찾아와 등록하는 분들이 계셔서 어떻게 오셨냐고 물으니 뜻밖의 대답을 하셨다.

"미국에서 친구가 연락해서 여기 교회를 가보라고 했어요."

"지구촌교회에 다니는 직장 상사분이 추천해주셨어요."

"중국에 있는 친구가 소개해주었어요."

내가 일하면 내가 일하지만 내가 기도하면 하나님이 일하신다. 그분이 일하시게 해야 한다. 그분이 역사하셔야 한다. 지금도 주님은 일하고 계신다.

개척을 시작하고 얼마 지나지 않았을 때, 하루는 차를 타고 가는데 찬양 한 곡이 귀에 들어왔다.

"날이 저물어 갈 때 빈 들에서 걸을 때 그때가 하나님의 때 내 힘으로 안 될 때 빈손으로 걸을 때 내가 고백해 여호와이레 주가 일하시네…"

그 가사가 지금의 내 모습을 담고 있는 것 같아서 울컥했다. 브라이언 킴이 부른 〈주가 일하시네〉라는 찬양이다.

생각해보면 인생의 빈 들(광야)에 있을 때가 하나님이 일하시기에는 가장 좋은 때다. 내 힘으로 애써봤지만 결국 빈손이 되었을 때야말로 하나님의 역사가 일어나기에 가장 좋은 순간이다. 광야는 오직 하나님만을 바라보게 하는 시간이고, 그 하나님은 가장 놀라운 일을 이루시는 분이기 때문이다.

인생의 광야가 반드시 모두 축복이 되는 것은 아니다. 그 광야에서 주님을 만날 때 그 광야가 축복이 된다. 나의 한계는 곧 주님의 시작이다. 주님은 우리 인생의 광야에서 주님의 일을 시작하신다.

나는 오늘도 믿고 고백한다.

"내가 하나님께 분명하면 하나님도 내 인생에 분명하시다!"

주님께 아낌없이 드리고 전적으로 주님만을 신뢰하는 자에게 주님은 오늘도 그분의 신실하심을 나타내신다. 그리고 전심으로 주님을 찾는 사람에게 결코 등을 돌리지 않으시는 분이다. 오늘도 그 사랑하는 주님이 우리 인생의 길 위에 역사하고 계심을 확신한다.

목회의 본질을 지켜가는 싸움

어느 날 아내에게 물었다.

"나를 커피에 비유하면 어떤 커피 같아?"

사실 내심 에스프레소같이 진국인 사람이라는 말을 듣고 싶었다. 그런데 아내가 오래 생각하지 않고 말했다.

"당신은 카푸치노 같아."

상당히 충격이었다. 카푸치노는 커피는 조금인데 그 위에 거품이 잔뜩 있는 커피를 말한다. 처음에는 부정했지만, 생각하면 생각할수록 맞는 말 같다. 사실 사역자인 내 삶은 거품이 잔뜩일 때가 많다. 지구촌교회에 있을 때도 그렇고 개척한 지금도 그렇다.

건축이 본격적으로 시작될 때 주님께 기도했다. 이때 담임목사가 뭘 가장 중점적으로 해야 할까 생각하며 다음 해의 계획을 여쭈었다. 그때 주님께서 잠언의 구절로 말씀해주셨다.

네 양 떼의 형편을 부지런히 살피며 네 소 떼에게 마음을 두라

잠 27:23

이 말씀을 듣고 처음에는 조금 당황스러웠다. 지금은 건축의 시기이고 담임목사가 무엇보다 건축에 집중해도 시원치 않은데 왜 이 말씀을 주실까 생각했다.

그래서 이 말씀을 가지고 조금 더 오랫동안 기도했는데 주님께서 다시 한번 말씀하시며 너무도 선명하게 그 일들을 정리해주셨다.

"박 목사야, 건축은 내가 할 일이다. 성도를 사랑하고 돌보는 일은 네가 할 일이야."

건축은 주님께서 하실 일이었고 양 떼를 돌보고 사랑하는 일은 내가 해야 할 일이었다. 그때야 그것을 깨달았고, 앞으로 내가 해야 할 일이 무엇인지도 분명히 알게 되었다.

　교회를 개척하고 난 후 가장 많이 듣는 이야기 중 하나는 이 말이다.

　"목사님, 제발 변하지 말아주세요."

　어쩌면 내 싸움은 여기에 있다고 생각한다. 목회의 본질을 지키며 내 영혼을 지켜가는 싸움은 이제부터 시작일 것이다. 개척하면서 아내와 함께 기도했다. 특별한 과오 없이 이 사명을 잘 완수할 수 있게 해달라고.

　나는 우리 모두의 부르심은 성공하는 것이 아니라 승리하는 데 있다고 믿는다. 주님이 부르신 부르심의 상을 바라보며 오늘도 맡겨진 소명의 자리에서 승리하기를 소망하고 또 소망한다.

기름부으심

초판 1쇄 발행	2025년 4월 22일
초판 2쇄 발행	2025년 4월 30일

지은이　　박춘광

펴낸이　　여진구
책임편집　최현수 구주은
편집　　　이영주 박소영 안수경 김도연 김아진 정아혜
책임디자인　마영애 | 노지현 조은혜 정은혜
홍보·외서　진효지
마케팅　　김상순 강성민　　　　　　**마케팅지원**　최영배 정나영
제작　　　조영석 허병용　　　　　　**경영지원**　　김혜경 김경희

303비전성경암송학교 유니게 과정
이슬비전도학교 / 303비전성경암송학교 / 303비전꿈나무장학회

펴낸곳　　규장

주소　06770 서울시 서초구 매헌로 16길 20(양재2동) 규장선교센터
전화　02)578-0003　　팩스　02)578-7332
이메일　kyujang0691@gmail.com　　　홈페이지　www.kyujang.com
페이스북　facebook.com/kyujangbook　　인스타그램　instagram.com/kyujang_com
카카오스토리　story.kakao.com/kyujangbook
등록번호　1922-2461
since 1978.08.14

ⓒ 저자와의 협약 아래 인지는 생략되었습니다.
이 출판물은 저작권법에 의해 보호를 받는 저작물이므로 무단 전재와 무단 복제를 할 수 없습니다.

책값　뒤표지에 있습니다.
ISBN　979-11-6504-611-8　03230

규 | 장 | 수 | 칙

1. 기도로 기획하고 기도로 제작한다.
2. 오직 그리스도의 성품을 사모하는 독자가 원하고 필요로 하는 책만을 출판한다.
3. 한 활자 한 문장에 온 정성을 쏟는다.
4. 성실과 정확을 생명으로 삼고 일한다.
5. 긍정적이며 적극적인 신앙과 신행일치에의 안내자의 사명을 다한다.
6. 충고와 조언을 항상 감사로 경청한다.
7. 지상목표는 문서선교에 있다.